vend

faire pr

MW01710376

défendre quelques persécutés,
monter des tragédies; brocher aussi
une petite vingtaine de volumes,
et soigner ses coliques.

Quel bonheur,
si quelqu'un avait pu saisir sur le vif
l'insaisissable Voltaire!
Ce quelqu'un existe. C'est Jean Huber.
Pinceaux à la main,
il croque le grand homme
sous toutes les coutures avec le plus
joyeux irrespect.

Jean Goldzink enseigne la littérature française à l'Ecole normale supérieure de Lettres et Sciences humaines de Lyon. Il a notamment publié une histoire littéraire du XVIIIe siècle (Bordas-Larousse, 1988, rééd. 2000), des études sur Monstesquieu (*Lettres persanes*, PUF, 1989 ; *Montesquieu et les passions*, PUF, 2001), un portrait de Voltaire en forme de dictionnaire portatif (*Voltaire entre A et V*, Hachette, 1994), une réflexion sur le comique théâtral (*Comique et comédie au siècle des Lumières*, L'Harmattan, 2000), un essai sur *Les Liaisons dangereuses* de Laclos (*Le Vice en bas de soie*, José Corti, 2001). Il est également l'auteur de *Stendhal. L'Italie au cœur*, «Découvertes Gallimard», 1992.

Tous droits de traduction
et d'adaptation réservés
pour tous pays
© Gallimard 1989

1er dépôt légal : novembre 1989
Dépôt légal : février 2002
Numéro d'édition : 11486
ISBN : 2-07-53079-5
Imprimerie Kapp à Evreux, France

VOLTAIRE
LA LÉGENDE DE SAINT AROUET

Jean Goldzink

DÉCOUVERTES GALLIMARD
LITTÉRATURES

François Marie Arouet ne supportait ni son père ni son nom. Il se fit assez vite un nom rien qu'à lui, et même une particule. Mais comment se défaire d'un père ? Il commença par chipoter sur sa date de naissance. Pour se vieillir de neuf mois : autant de gagné ! Coquetterie d'éternel mourant ? On aurait en fait attendu que le nourrisson, chétif et peut-être adultérin, survive, pour l'enregistrer par un baptême légal.

CHAPITRE PREMIER

D'AROUET À VOLTAIRE : COMMENT ON DEVIENT POÈTE

On ne joue plus Voltaire, même à la Comédie-Française, qui de 1718 à 1966 le représenta 3998 fois (huitième rang actuel). C'est bien l'*Œdipe* de Voltaire que le grand Mounet-Sully (1841-1916) s'apprête à incarner (à gauche).

Telle fut donc, imposante et bien en chair, la mère de François Marie? Cette femme aimable aimait sans doute moins les notaires que les esprits déliés. Comment savoir si, disparue le 13 juillet 1701, elle a vraiment compté dans la vie du jeune garçon, pris en charge par sa sœur aînée, qui eut aussi la bonne idée de lui léguer, à toutes fins utiles, une nièce...

Mais au fond, pourquoi ne pas s'attribuer aussi un père? Moins notaire, et plus poète. Mis en appétit, certains biographes lui proposent l'abbé de Châteauneuf, son parrain, docteur en libertinage, qui aurait aidé la nourrice à sauver le nourrisson avant de l'initier aux vers et à l'irrespect. Mais Voltaire préfère M. de Rochebrune, «mousquetaire, officier, auteur» et «homme d'esprit» : tel le caractérise son illustre «bâtard», sans lequel nous ne saurions rien de ce roman familial, et qui félicite sa mère de ce choix éclairé; car M. Arouet, «pour le génie était un homme très commun», dit-il, le 15 août 1756, devant ses nièces. Bien élevées, elles «firent une exclamation et voulurent défendre l'honneur de leur grand-mère»!

Il y a, chez François Marie Arouet, qui tint si fort à devenir Voltaire [anagramme de AROVET L(e) I(eune)?], un fond de révolte, d'insolence, d'inconvenance, un besoin de liberté, qui définissent son génie et passent d'abord par le rejet du père. Chose extraordinaire : dans les quelque quinze mille lettres qui nous restent de Voltaire, alias Arouet, «pas une» pour François Arouet, notaire royal et receveur des épices!

Roman familial

Les Arouet, natifs de Vendée, travaillaient comme des mules, depuis deux siècles : bonnes eaux, bonnes peaux. Depuis deux siècles, ils tannaient, vendaient, et entassaient. Cuirs et peaux, laines et draps. Bonnes dots, mariages prudents, patiemment médités, âprement négociés, calmement consommés.

Dans l'ancienne France, on ne gagne pas seul : la réussite est un jeu de familles qui se joue en quatre ou cinq générations. Au moins. Le laquais métamorphosé en financier n'a jamais existé qu'en littérature. De l'argent, des alliances, des charges :

c'est le chemin obligé qui mène, si le vent est bon, aux honneurs, c'est-à-dire à la noblesse, chaque génération poussant l'autre.

Que reprocher aux Arouet, montés à Paris dès avant 1625, quand, le dimanche 21 novembre 1694 (ou le 20 février selon Voltaire), naît François Marie, cadet malingre, bébé pitoyable («je suis né tué»)? Ils ont bien mené leur barque, à petits coups de rames sûrs et précis : grand-père «marchand de drap et de soie», père notaire royal au Châtelet – une charge qui vaut des millions de francs actuels. On vient enfin de frapper, sans se presser, après deux siècles d'efforts, à la porte de la noblesse de robe. L'essentiel est fait. A Armand, l'aîné, à François Marie, s'il survit, de déployer les voiles et d'illustrer les blasons tout neufs.

«Rien n'est plus insipide que les détails de l'enfance et du collège»

Né condamné («cet enfant ne survivra pas», avait soupiré l'accoucheuse) et mort à peu près damné, AROVET L(e) I(eune) s'accrochait à la vie comme un beau diable. Il mourut d'ailleurs malgré lui, sans doute par mégarde : il avait trop joué cette scène pour y croire. Mais François Marie a dix ans, sa mère est morte depuis trois ans : le temps est venu

Les portraits seraient-ils trompeurs? Il n'apparaît pas si sévère, si bourru, si terne, Arouet le père, sous le pinceau du peintre! Qu'avait-il donc fait aux dieux et à ses fils, dont aucun ne fonda famille? «J'ai deux fils fous : l'un d'impiété, l'autre de dévotion.» Mais c'est l'impie qui enterra le dévot : l'un était donc moins fou que l'autre.

Les Jésuites, sainte armée au service des papes, avaient été chargés par Loyola de reconquérir les âmes. Ils se spécialisèrent dans le contrôle (confession, direction de conscience) et l'éducation des élites. Leur succès fut immense et cristallisa contre eux bien des ressentiments, au point que l'Ordre parut sombrer après 1760.

«Toute la *Théodicée* de Leibniz ne vaut pas une expérience de Nollet», s'exclame Voltaire en 1739. Et dans le chapitre I de *Candide*, une périphrase discrète parodie le titre des célèbres *Leçons de physique expérimentale* de l'abbé. «Un jour, Cunégonde [...] vit, entre des broussailles, le docteur Pangloss qui donnait une leçon de physique expérimentale à la femme de chambre de sa mère [...].» Nollet enseigna la physique à Louis XV.

d'aller au collège. Le notaire ne lésine pas : en milieu robin (avocats, procureurs, etc.), l'éducation est un investissement indispensable. Il place son cadet chez les Jésuites, à Louis-le-Grand. On ne fait pas mieux : collège fameux, maîtres réputés, élèves aux noms illustres (car il y a belle lurette – depuis le XVIIe siècle au moins – que la noblesse ne boude plus les études).

Le fils du payeur des épices aux blasons flambant neufs y côtoie (pour quatre à cinq cents francs par an) les frères d'Argenson, fils de ministre et futurs ministres de Louis XV, dont l'un fut «philosophe», et l'autre plutôt dévot. Devinez ce qui arriva : ce fut le dévot qui resta (ministre). Les d'Argenson, le comte d'Argental (fidèle parmi les fidèles, toujours actif, toujours disponible) restèrent ses amis. Armand de

Richelieu aussi, un des grands don Juan du siècle, qui tâta de la Bastille et de l'Académie française avant son ami Arouet. Voltaire lui trouva femme en 1734. Il fallait bien en passer par là. Un duc n'est pas un écrivain : procréation l'oblige.

La pelote Voltaire

Il y a des vérités tristes, qu'on ne peut pas toujours cacher : les grands hommes font rarement les mauvais élèves. L'élève Arouet ne fut pas mauvais, et il ne fut pas bon : il fut brillant. Exceptionnellement doué pour les vers latins et français, il aimait l'étude, au point qu'il ne put jamais se corriger de ce vice (la *libido sciendi* des théologiens, le désir fiévreux de savoir). Il avait une mémoire infatigable, monstrueuse, et le désir d'éblouir son siècle. L'orgueil fait les bons élèves et les mauvais chrétiens. C'est une des contradictions

Permanences qui font rêver : de la monarchie très chrétienne à la république plutôt laïque, Louis-le-Grand forme avec zèle l'élite sociale.

de la pédagogie jésuite, si intelligente, et que nos lycées imitèrent longtemps.

Que penser de l'éducation reçue par Voltaire chez les bons pères? Les appréciations ultérieures du principal intéressé varient au gré des circonstances : maîtres admirables ou débiteurs de «sottises». Qui le veut peut, sans trop de peine, tirer de Louis-le-Grand presque toute la pelote Voltaire : le goût des lettres; une connaissance superficielle, mais sûre d'elle-même, des Anciens, surtout latins; l'admiration des classiques français du XVIIe siècle; la virtuosité rhétorique; l'amour du théâtre; la primauté du «goût», critère esthétique suprême, vétilleux et indéfinissable; une religion qui tend à réhabiliter discrètement la nature, l'homme, la société, qui gomme les aspects les plus sombres du christianisme, qui joue à cache-cache – malgré les cris de rage de Pascal et les coups de tonnerre de Bossuet – avec les tendances déistes si tentantes pour tout esprit des Lumières.

En tel dortoir de collège grandira au XVIIIe siècle une hantise médicale et pédagogique : la terreur de la masturbation juvénile («le dangereux supplément»!).

Ni révérend père ni robin

Sans doute, sans doute... Mais ce ne sont là, somme toute, que les grands cadres de la culture française au XVIIIe siècle. Le goût de Voltaire n'a guère à voir avec les options de Prévost ni même de Marivaux, et jamais Montesquieu, au-delà de leur commun déisme, ne fut obsédé comme lui par la religion. Voltaire ne sort pas tout armé du collège Louis-le-Grand. Ses maîtres n'ont pas réussi ce qu'ils rêvaient : faire de lui un révérend père Arouet, S. J., pour la plus grande gloire de Dieu et de la Compagnie.

Ni robe ni soutane : il a bien l'intention d'inventer sa vie. Une plume de poète voltige entre ses doigts. Ce n'est pas un «état», gémit le

receveur des épices. Il a raison. Reste donc à consacrer l'homme de lettres. Tout le siècle ne sera pas de trop pour l'y aider.

Pimpette de La Haye

Septembre 1713 : François Marie part pour La Haye, où le marquis de Châteauneuf, le propre frère du parrain abbé, ancien ambassadeur à Constantinople, s'installe dans son nouveau poste. Voyage qui combine sans doute l'ambition du fils il adorera toujours se frotter à la politique, mal distinguée de l'intrigue – et l'exaspération du père devant les fredaines de son cadet.

Mais en Hollande, il n'y a pas que de graves diplomates penchés sur le sort de l'Europe (le traité d'Utrecht est en passe de pacifier l'Europe ravagée par la guerre de Succession d'Espagne). Il y a aussi, à l'hôtel de *La Ville de Paris,* Catherine-Olympe, dite Pimpette. Flanquée de sa redoutable mère, Anne-Marguerite du Noyer, femme de lettres et de tête. Protestante convertie, elle avait épousé un député des

Il promettait bien, le jeune Arouet, dans son habit d'élève des Jésuites ! Il a préféré rêver sur ce décor pour tragédie de distribution de prix...

Etats du Languedoc, grand maître des Eaux et Forêts, puis s'était enfuie de France avec ses deux filles pour revenir au protestantisme.

Pimpette plaît à Arouet, et Arouet («maigre, long, sec et décharné», dit-il de lui-même en 1716) plaît à Pimpette. Rien là qui intéresse l'Histoire : les amours heureuses ne laissent pas de lettres. Heureusement, Anne-Marguerite du Noyer, mère «incommode», ne l'entend pas de cette oreille : qu'est-ce qu'un cadet d'Arouet, sans état, et catholique? Elle se précipite chez l'ambassadeur de France : un membre de sa suite s'obstine à séduire une pure et protestante jeune fille.

Quatorze lettres d'amour

La morale est contre notre héros. La politique aussi. Le nouvel ambassadeur est en effet chargé de rétablir les relations entre la France et la Hollande, qui s'affrontent depuis près d'un demi-siècle; il n'a pas

encore remis ses lettres de créance; Anne-Marguerite du Noyer n'omet sans doute pas de lui rappeler qu'elle rédige et publie, depuis des années, une gazette, la *Quintessence des nouvelles historiques, critiques, politiques, morales et galantes,* chroniques des potins et scandales de Paris et de la Cour, une des gazettes hollandaises si redoutées à Versailles. Aïe!

L'ambassadeur ne lanterne pas : le jeune Arouet retourne immédiatement en France, et, en attendant, on le boucle dans sa chambre. Providentielle décision! Arouet va enfin devoir écrire à Pimpette. Quatorze lettres d'amour et de projets romanesques, entre la fin de novembre 1713 et le début de février 1714 : déguisements, enlèvement, serments.

Cette histoire d'amour a-t-elle existé? Oui, car nous possédons une lettre authentique de Pimpette, saisie par la police, en 1717, lors de l'embastillement du sieur Arouet fils. Mais rien ne garantit l'exactitude des lettres de Voltaire, publiées en 1720 à La Haye, peut-être arrangées, dans les *Lettres historiques et galantes!* C'est qu'entre-temps, le jeune secrétaire du marquis de Châteauneuf est devenu M. de Voltaire.

« Rousse comme une vache, avec de l'esprit et de l'intrigue, mais avec une effronterie sans pareille» : on a reconnu la griffe du petit duc de Saint-Simon. Ni l'effronterie, ni l'esprit, ni les charmes généreux de Mme de Ruppelmonde, veuve capiteuse, ne déplurent, en 1721, à Voltaire.

« C'est un paradis terrestre depuis La Haye jusqu'à Amsterdam [...]. De cinq cent mille hommes qui habitent Amsterdam, il n'y en a pas un d'oisif, pas un pauvre...», écrit Voltaire le 7 octobre 1722. A la fin du célèbre chapitre III de *Candide*, où échoue notre héros hagard? En Hollande. La Hollande, terre du commerce et de la tolérance, voisine avec l'Angleterre dans le panthéon voltairien.

Rimes précoces

Voltaire a survécu par la prose. Mais il se crut d'abord poète. Toute sa vie, il a rimé non pas sans raison, mais sans relâche et sans fatigue. Dès l'âge de douze ans, il parle, comme d'une chose faite, de sa tragédie. Romaine évidemment. Mais *Amulius et Numitor* n'a pas été retrouvée. On conserve une élégie, reniée :

«Adieu, ma pauvre tabatière!
Adieu, je ne te verrai plus.»

Ce morceau émouvant fut imposé et composé pour récupérer l'obscur objet du délit, confisqué par un maître excédé. Nous est parvenue aussi une *Requête au Dauphin*, au nom d'un invalide de guerre en panne de mots et d'argent. Succès complet : l'invalide illettré eut sa pension, et le poète benjamin le privilège, selon lui, d'être présenté, par l'abbé de Châteauneuf, son parrain, à Ninon de Lenclos, célèbre courtisane du siècle précédent, fraîche en ses quatre-vingts ans, mais qu'il trouva noire et décrépite.

Arouet, lui, a seize ans, et est tenu d'apprendre le droit. Mais il préfère les belles-lettres : c'est généralement l'effet du droit sur les poètes qui ne finissent pas notaires.

Odes et gerbes de boue : la vengeance du poète recalé

L'Académie française venait de proposer un sujet pour son concours de poésie : la construction du chœur de Notre-Dame. Voltaire fit une ode, et l'envoya aussitôt au grand poète de ce début de siècle : Jean-Baptiste Rousseau, qui n'était encore ni son ennemi ni son rival. L'Académie récompensa un poète vétéran de soixante-cinq ans, l'abbé Dujarry. Ulcéré,

Un Rousseau peut en cacher un autre : qui connaît encore Jean-Baptiste Rousseau (1671-1741)? Ses poèmes lyriques lui valurent pourtant une gloire européenne. On l'accusa aussi de vers satiriques (1710) : exilé à vie malgré ses dénégations, il se fit apôtre du classicisme et d'une piété dévote. L'esprit satirique est souvent l'envers du conformisme. «Le grand Rousseau» embrassa, à Louis-le-Grand, un jeune élève assez doué, appelé Arouet. Il ne put l'étouffer.

Qu'est-ce qu'un Voltaire raté? Peut-être un Alexis Piron (1689-1773), chez qui l'excès d'esprit ne suffit pas à faire assez de talent. Mais que de bons mots! «Ci-gît Piron, qui ne fut pas même académicien.» Académicien? «Ils sont là quarante, qui ont de l'esprit comme quatre.» Le plus drôle aurait été de finir dévot. Il le devint, après avoir bien bu et bien médit.

Arouet compose, en style marotique, à la façon de J.-B. Rousseau, une satire : *le Bourbier ou le Parnasse* (1714). Plus tard, la main sur le cœur, il répudiera hautement ces foucades juvéniles : «Je me suis imposé la loi de ne jamais tomber dans ce détestable genre d'écrire.» Et, de fait, il détestera toujours, avec un mépris écrasant d'écrivain célèbre, d'homme riche, d'homme du monde, la plèbe des prolétaires de la copie (journalistes, satiristes...). C'est que ces pauvres diables faméliques compromettaient ce que les Voltaire, les Montesquieu, les d'Alembert ont su faire reconnaître à toute l'Europe : l'éminente dignité de l'homme de lettres nouveau style – le Philosophe.

Mais elles reviendront, les satires de Voltaire, furieuses, atroces, superbes d'inconvenance et de démesure. Evidemment anonymes, évidemment répudiées : «Pas ça, pas moi!»

«Monseigneur, vous serez un grand poète; il faut que je vous fasse donner une pension par le roi!»

Le Bourbier fit scandale et ne dut guère raccommoder le receveur des épices et son turbulent cadet.

Un séjour hors de la capitale ne pouvait nuire. La vie errante de Voltaire venait de commencer. Ne nous désolons pas trop vite : c'est une vie de château. En deux siècles, les Arouet n'avaient pas osé entrer dans la noblesse de robe. Le jeune Arouet, qui n'est pas patient, saute à pieds joints dans le cercle enchanté de la grande aristocratie, fermement décidé à ne jamais en sortir.

D'où vient cet art de plaire? Du talent, bien sûr, précoce, charmeur, irrésistible. «Le petit Arouet» multiplie les lettres, les vers, les grâces, les traits d'esprit : inimitable dans l'art de concilier flatterie et impertinence. Le prince de Conti (un titre illustre), rimailleur à ses heures, chante en vers les louanges d'*Œdipe* : «Monseigneur, vous serez un grand poète; il faut que je vous fasse donner une pension par le roi!» Son succès, il le doit aussi au talent de l'aristocratie française qui l'invite dans ses châteaux, le bichonne, l'admire.

Voltaire cueille, des années durant, les fleurs de cette guirlande de châteaux autour de Paris, toujours courant et discourant, toujours chancelant, toujours acharné au travail. Au travail, au travail : c'est la seule vraie morale de ce libertin, indévot depuis l'enfance. Les plaisirs, les intrigues, les fureurs, les tours et les détours qui convulsent cette vie frénétique n'entament jamais le dur désir repéré, dès le collège, par son confesseur jésuite : devenir le grand écrivain de son siècle. Mais la grandeur de Voltaire fut justement de changer l'idée qu'on se faisait du grand écrivain.

Le roi aveugle

1718 est l'année d'un double baptême. Le petit Arouet, sorti de la Bastille le 14 avril, décide de s'appeler Voltaire. Et tant qu'à faire : M. de Voltaire. Et le 18 novembre inaugure à la Comédie-Française, qui a le monopole, sur Paris, des tragédies, la carrière publique du plus fécond, du plus brillant écrivain de son siècle. C'est là aussi qu'elle s'éteindra, le 30 mars 1778, à la représentation de sa dernière tragédie, *Irène*. Entre *Œdipe*, 1718, et *Irène*, 1778, Voltaire.

Naissance de Voltaire, reconnaissance d'un grand poète : M. de Voltaire sait mener sa barque. Et ce n'est pas tout : il travaille d'arrache-pied à une autre grande opération de promotion poétique : rien de moins qu'une épopée! L'épopée réussie qui manque à la France depuis les tentatives de Ronsard *(la Franciade)* et de quelques autres. L'épopée, effort suprême, cime de la hiérarchie des genres. *La Ligue* (1723), qui deviendra *la Henriade* (1728), épopée à la gloire de Henri IV et de la tolérance, fait de Voltaire, pour presque un siècle, le grand poète épique français! Jouée le 18 novembre, la première pièce

C'est au château de Sceaux (en haut), animé par la duchesse du Maine, mariée à un bâtard de Louis XIV, que le régent (ici avec Louis XV) trouvait ses adversaires les plus décidés. Voltaire fréquentait la brillante cour de Sceaux. Mais c'est pour des vers contre le régent qu'il eut loisir de composer dans sa tête, plutôt que sur des murs, *la Henriade*. A la Bastille, privé de papier.

de M. de Voltaire a déjà fait parler d'elle, car il y a cinq ans qu'elle est sur le métier, et son père est un débutant remuant. On peut lui faire confiance, il a multiplié les lectures, sollicité les avis, préparé l'événement dans les règles de l'art.

«J'ai fort bonne opinion de ce jeune homme, mais je meurs de peur qu'il n'ait affaibli le terrible de ce grand sujet en y mêlant de l'amour», J.-B. Rousseau

Le sujet d'*Œdipe* ne relève pas du hasard, pas plus que sa décision de chercher sur le théâtre, comme Corneille, comme Racine, la consécration des réussites littéraires rapides. Le moment est venu d'engranger, en frappant haut et fort, le bénéfice de son talent poétique, jusque-là dispersé à tous vents.

La querelle des Anciens et des Modernes vient d'être relancée, en 1714-1715, par la dispute de La Motte, champion des Modernes, qui tiennent l'Académie, contre la savante Mme Dacier? Tant mieux, mais à condition de les réconcilier sur son nom.

Sophocle et Corneille ont déjà traité le thème? Là est justement l'épreuve de maîtrise : Voltaire, à vingt-quatre ans, se mesure aux plus grands. En 1719, l'édition d'*Œdipe,* après un succès triomphal (45 représentations, chiffre exceptionnel, sans compter les parodies), s'accompagne de *Lettres critiques* qui comparent Sophocle, Corneille... et M. de Voltaire. La critique, bien entendu, donne de la voix.

«Ce grand sujet» est une gageure, puisqu'il semble exclure toute intrigue d'amour? Eh bien, on verra M. de Voltaire à l'œuvre, sur les traces de Racine qui passait pour avoir formé le plan d'une tragédie française d'Œdipe suivant le goût de Sophocle, sans y mêler aucune intrigue d'amour... En 1716, la première représentation publique d'*Athalie,* tragédie sans amour et pourtant spectaculaire, avait fait une impression énorme.

Le peintre Autreau (1657-1745) – qui représente ici Fontenelle (1657-1757), La Motte (1672-1731), Saurin (1706-1781) et Mme de Tencin (1682-1749), romancière et intrigante encore plus douée – s'essaya lui-même au théâtre en fournissant aux Italiens leur première pièce en français, *le Naufrage au Port-à-l'Anglais* (1718).

«Plongés dans un cachot infernal...»

Œdipe lie la question du salut de la cité et celle de la culpabilité. Peut-on être coupable, «sans le vouloir ni le savoir», des infractions les plus extrêmes, machinées de bout en bout par les dieux? C'est tout simplement le problème vertigineux de la «prédestination», relancé par le protestantisme, relayé chez les catholiques par la guerre plus

En dehors des scènes officielles aux privilèges protégés par l'Etat (Opéra, Français, Italiens), les Parisiens pouvaient aussi aller aux théâtres de la foire (ci-dessus). Qu'on ne s'y trompe pas : malgré leur ton beaucoup plus libre, ces scènes privées étaient parfois mieux équipées que les théâtres dotés, et visaient le même public. Cette concurrence vive en fit un laboratoire de formes dramatiques neuves, avant leur relève par le Boulevard.

que centenaire des Jansénistes et des Jésuites, rendu brûlant par la bulle *Unigenitus* (le Pape y condamne, en 1713, les propositions jansénistes de Quesnel).

Œdipe et Jocaste se trouvent dans la même situation que les peuples de l'Antiquité, que les peuples lointains privés, sans le vouloir ni le savoir, de la Révélation de Jésus-Christ, et donc damnés, en bloc. Damnés, les grands Anciens; damnés, les Chinois vertueux dépeints par les missionnaires jésuites; damnés, les enfants morts sans baptême? Les Jésuites ont bien de la peine à l'admettre.

Oui, oui et oui, damnés, tonne Bossuet contre les Jésuites, dans une lettre au pape contresignée par quatre évêques (une pétition, Monseigneur?) : «Ces petits [enfants morts non baptisés] sont plongés dans un cachot infernal, livrés au pouvoir du diable dans un lieu horrible et ténébreux... Non, la personne de l'enfant n'est pas innocente, sous prétexte qu'elle est exempte des péchés commis par la volonté propre. Au contraire, elle est pécheresse; car, dès sa naissance, elle tombe sous le coup de la colère divine, elle est au pouvoir des ténèbres.» Nulle vertu, nul salut, hors de la Révélation et sans le secours de la Grâce, mystérieusement répartie, chichement distribuée.

Visage macéré, fiévreux, hanté; noire soutane qui nie le corps, retranche les prêtres de la société des hommes, des joies et des peines humaines; doigts ardents serrés sur un Dieu sanguinolent, un Dieu de chair et de sang expiant un incompréhensible péché; et sous ce corps ployé, un livre, Le Livre, où un Dieu trop humain parle aux hommes la langue d'une peuplade misérable, arrogante, barbare : tout, dans ce portrait d'abbé, désigne ce que Voltaire refuse et récuse.

«Je ne suis pas chrétien, mais c'est pour t'aimer mieux»

Théologie catholique absolument impeccable, mais bien dure à l'oreille des pères jésuites. Et insupportable à celle de Voltaire. C'est contre ce dieu cruel, ce dieu incompréhensible, incarné, révélé aux uns et pas aux autres, contre l'idée d'un péché originel, d'une prédestination inexplicable, qu'il se battra toute sa vie. En accord avec toute la pensée des Lumières.

«On te fait un tyran, en toi je cherche un Père
Je ne suis pas chrétien, mais c'est pour t'aimer
[mieux»,

écrira Voltaire en 1722 dans l'*Epître à Uranie* qu'il n'osa pas publier et attribuera ensuite à Chaulieu.

Non, Dieu n'est pas «un petit despote cruel» (comme dira Stendhal), c'est un père, pour tous les hommes, qui se moque des dogmes et n'aime que la vertu.

Et que le roi n'aille surtout pas courber le front devant le prêtre :

«Nos prêtres ne sont pas ce qu'un vain peuple [pense,
Notre crédulité fait toute leur science.» *(Œdipe)*

Un pouvoir laïque, fort et éclairé, imposant la loi civile aux Eglises, ce sera l'objectif constant de Voltaire. Violemment antichrétien, nullement athée : déiste. On ne se trompera pas beaucoup en replaçant l'attitude voltairienne dans l'immense processus de «laïcisation» qui est peut-être la meilleure définition lapidaire des Lumières.

«La première tragédie philosophique»

De la religion, de la politique : les «grands intérêts» nécessaires à toute tragédie, le sujet d'*Œdipe* n'en manque donc pas. Ce qui manque, c'est un ingrédient tout aussi indispensable : l'amour. Pas de bonne tragédie sans amour, c'est une loi non écrite du genre tragique à la française. Autant faire un western sans cheval ni shérif. Voltaire a peut-être caressé le projet d'une tragédie à la grecque, comme *Athalie*, mais il y a renoncé – sous la pression des comédiens, dira-t-il. C'est dans *Mérope* (1743), un de ses grands succès, que Voltaire imposera son dessein.

Il importe donc dans l'histoire d'Œdipe un compagnon d'Hercule, Philoctète, autrefois amoureux aimé de Jocaste. Compromis élégant : on ne s'aime pas vraiment, on s'est aimé.

Héros et amant parfait, Philoctète traîne sa mélancolie et ses exploits à travers le monde. Héros utile et raisonnable, qui tient tête aux rois, aux prêtres (fourbes ou arrogants), au peuple (toujours égaré), il est apte à remplacer Œdipe sur le trône.

Mlle Dumesnil, une des grandes actrices du siècle (à gauche et à droite) en Athalie et en Jocaste. Après *Mérope*, Voltaire dira d'elle : «Ce n'est pas moi qui ai fait la pièce, c'est elle.» On constate (en bas) combien l'espace réservé à la représentation était exigu et combien scène et salle s'interpénètrent.

Non par la naissance, mais par le mérite : fils de ses œuvres. Polyeucte monte au ciel; Philoctète s'occupe des hommes. Tandis que Jocaste s'enfonce dans la mort, Œdipe dans sa nuit, en renvoyant tous deux les dieux à leur inhumanité : «Impitoyables dieux, mes crimes sont les vôtres!»

M. de La Motte bute sur les rimes

Cela saute aux yeux, le jeune Voltaire a un talent fou. Pastiche? Bien entendu. Que pouvait-on, que pouvait-il faire d'autre? De la prose, osera répondre, un peu plus tard, La Motte, en écrivant un *Œdipe* en vers, puis sa transcription en prose (publiée en 1730). Solution que Voltaire rejettera catégoriquement cette même année en rééditant son *Œdipe*.

On l'a compris : ce n'est pas Voltaire qui inventera le «drame bourgeois». Pas question pour lui d'adhérer au diagnostic de décès dressé par Diderot (1757), par Beaumarchais (1767). Non, la tragédie des rois et des princesses, en cinq actes et en vers bien pliés à l'hémistiche, n'est pas morte! Mais il faut en renouveler les sujets – il va s'y employer –, les décors, débarrasser le plateau de la Comédie-Française de ses spectateurs bruyants (chose faite en 1759), lui injecter des idées modernes, la rendre plus touchante, plus spectaculaire aussi (avec un zeste de Shakespeare), réveiller la mise en scène et le jeu des acteurs...

Voltaire n'est certes pas le seul auteur du XVIIIe siècle à se fasciner pour le mythe d'Œdipe (à gauche). Mais il est certain que le rapport au père (charnel ou éternel) mobilise dans son œuvre des affects violents. On trouvera dans son dernier conte, *Histoire de Jenni* (1775), un beau portrait de père, défié par un fils révolté qui nie Dieu. Fermeté déiste et patience paternelle désarmeront cet essai de double parricide.

Programme intelligent, adroitement réalisé, semé de vers superbes, habile mélange d'audace et de timidité, qui assure sa primauté européenne et condamne son théâtre à ne pas lui survivre.

Vers plutôt raciniens que cornéliens, situations et personnages très marqués par Corneille (*Œdipe* est une sorte de *Polyeucte* renversé), idéologie voltairienne anticléricale et antijanséniste : sa première pièce désigne d'entrée les forces et les faiblesses de la tragédie voltairienne, astre mort.

Ce portrait, peint en 1718 par Nicolas Largillière, est la première image que l'on ait de Voltaire jeune. Quatre copies de ce tableau circulèrent et de nombreuses gravures s'en inspirèrent. Cette peinture et le pastel de Maurice Quentin de La Tour, qui date de 1735, sont essentiels dans l'iconographie voltairienne : ce sont les deux seules images fiables et de bonne qualité représentant Voltaire avant les années 1760.

Voltaire a-t-il tué la tragédie classique?

On a prétendu qu'*Œdipe*, «première tragédie philosophique», signait l'arrêt de mort de la tragédie en exaltant l'homme, sa vertu, sa raison, aux dépens de la fatalité. Perspective difficilement acceptable. La tragédie française a encore un bon siècle à vivre. Ni Diderot, ni Beaumarchais, ni Louis Sébastien Mercier, ni la Révolution, n'ont réussi à tuer ce monstre à cinq pattes, exsangue et pompeux. Increvable baudruche, que la France adula, jusqu'au romantisme, comme l'emblème, puis la momie, de sa prééminence culturelle.

N'empêche : Voltaire fut joué, traduit, adapté, imité, discuté, parodié dans toute l'Europe, la palme revenant à *Zaïre* (1732) et *Mérope* (1743). Toute l'histoire de la tragédie européenne, au siècle des Lumières, gravite autour de lui.

Le roi aveugle, c'est peut-être Voltaire. Aveuglé par l'éclat de son succès. Les dieux se sont joués de lui comme d'Œdipe. Mais lui est mort sans le savoir. Cela vaut aussi pour *la Henriade*, que Frédéric II portait au pinacle, et pour sa grande poésie.

Vérité du mythe d'Œdipe, qui nous rattrape toujours : la vérité est au-delà des apparences sensibles. Mais c'était peut-être beaucoup demander à Voltaire l'empiriste.

Jeux de scène

Pour se faire une idée du théâtre au XVIIIe siècle, il faut imaginer l'obligation de jouer près des chandelles; l'absence de tout metteur en scène; le choix individuel des costumes (au baroque extravagant), du type de jeu; les interventions sonores et agressives, le mouvement incessant des spectateurs, car le spectacle est autant dans la salle que sur scène – le tout soigneusement surveillé par la police.

NINIAS

Cessez... à chaque mot vous trouveriez la mort.

SÉMIRAMIS

N'importe. Eclaircissez ce doute qui m'accable :
Ne me resistez plus, ou je vous crois coupable.

C'est une pièce en trois actes. Donc une comédie. Voltaire a le don inouï de tirer vers le comique presque tout ce qu'il touche. Même quand il en saigne. Voltaire qui pleure et Voltaire en grimaces, les contemporains ont connu ces deux visages, le grave plus que l'autre. Mais pour nous, l'un s'est effacé à tout jamais, dans le sillage amer de son théâtre naufragé.

CHAPITRE II

DE LONDRES À CIREY : POURQUOI ON DEVIENT PHILOSOPHE

Le culte des grands hommes ne signifie pas seulement leur héroïsation : il appelle aussi la fascination voyeuriste de l'intimité (à gauche). Jean Huber réussit, lui, à traiter sur le mode humoristique, dans une de ses fameuses découpures, un thème aussi pompeux que «Voltaire inspiré par Henri IV».

Voltaire à bâtons rompus
Acte I : Poisson, comédien

Voltaire avait eu, comme tout un chacun, une aventure avec une jeune comédienne. Il eut beau la protéger et même lui confier le rôle de Jocaste dans *Œdipe*, elle s'obstinait à jouer mal avec, paraît-il, un accent d'Orléans, qui faisait rire.

«Il y a trois ou quatre jours, Poisson prit cette liberté comme les autres. De cela, notre petit ami en colère – on a reconnu Voltaire – se lâcha en propos. Poisson, qui est bretteur comme un chien, l'attendit au sortir du spectacle et lui proposa l'escrime. Le poète, plus hardi en parole qu'au combat, dit qu'un homme de sa considération ne se battait pas contre un comédien. Poisson, à haute et intelligible voix, lui proposa des coups de bâton. Arouet fit sa plainte chez un commissaire...» (3 mai 1719. On devine que cette lettre n'est pas trop favorable à Voltaire).

On enferma le comédien au cachot. Mais sans l'intention de l'y garder. Voltaire fut chargé d'écrire une lettre demandant sa libération, qu'il... distribua dans tout Paris!

Acte II : le capitaine mouchard

Voltaire rencontre, un beau jour de 1722, chez un ministre, une vieille connaissance, Salenne de Beauregard, capitaine et mouchard, dont la dénonciation l'avait fait enfermer à la Bastille de mai 1716 à avril 1717, pour des vers satiriques

Voltaire, homme d'ordre très agité, n'était apparemment pas mécontent du zèle de la police urbaine, réorganisée par Voyer d'Argenson (ci-contre). Ne rétorque-t-il pas au désespoir métaphysique de Pascal : «Pour moi, quand je regarde Paris ou Londres, je ne vois aucune raison pour entrer dans ce désespoir, dont parle M. Pascal; je vois une ville [...] peuplée, opulente, policée, et où les hommes sont heureux autant que la nature humaine le comporte» (*Lettres philosophiques, XXV*)?

contre le régent. «Je savais bien qu'on payait les espions, mais je ne savais pas encore que leur récompense fût de manger à la table du ministre.» Ce qui risquait de ne plaire ni à l'espion, ni au ministre. Beauregard – sûr sans doute du soutien de son maître – fait arrêter la chaise de Voltaire sur le pont de Sèvres, le force à descendre, le bâtonne, et court rejoindre son régiment. Voltaire multiplia rageusement les plaintes officielles, les démarches, sans rien obtenir. Il fallut la disgrâce du ministre, en 1723, pour écrouer l'espion susceptible, aussi agile d'oreille que Voltaire l'était de langue.

Peu importent l'exactitude des détails, ni même, au fond, la matérialité des faits. L'anecdote vaut pour elle-même. Elle souligne à nouveau le statut social fragile du poète. Roturier, suspect depuis toujours aux autorités, son manque d'assise dans la société d'Ancien Régime le rapproche parfois, brutalement, du comédien, et excite la tentation du bâton, châtiment des laquais, des poètes – et des fous? Car les témoignages contemporains insistent étrangement sur la «folie» des comportements voltairiens.

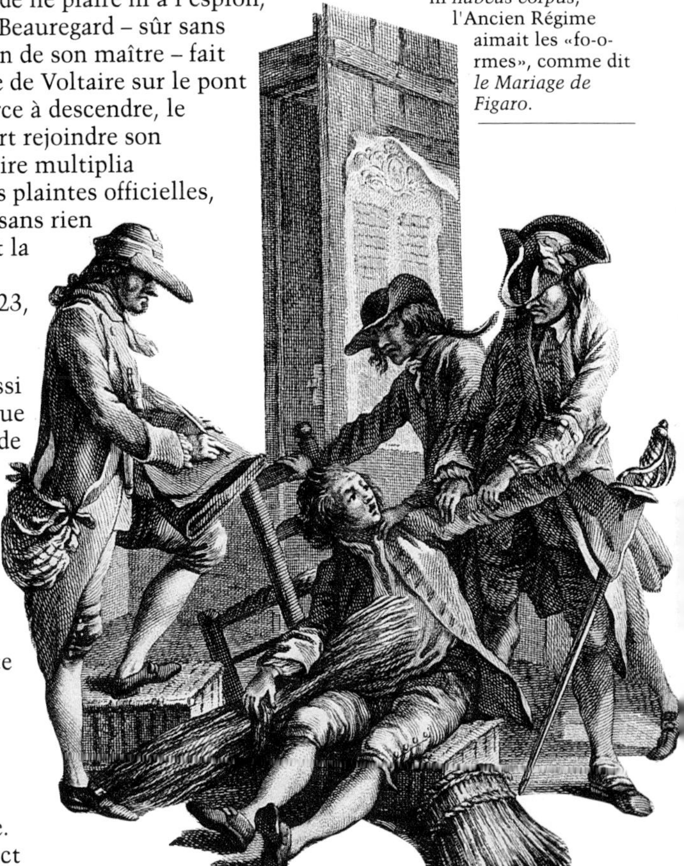

La main de la police est toujours rude, mais même sans Constitution écrite ni *habeas corpus*, l'Ancien Régime aimait les «fo-o-rmes», comme dit *le Mariage de Figaro*.

Acte III : le chevalier au bâton

Chez le duc de Sully, en janvier 1726. Voltaire brille et parle d'abondance. Son assurance porte sur le système, assez dégradé, du chevalier de Rohan Chabot – un des grands noms de l'aristocratie française. «Quel est ce jeune homme qui, pour me contredire, parle si haut?» (à prononcer avec une voix de nez). «M. le chevalier, c'est un homme qui ne traîne pas un grand nom, mais qui honore le nom qu'il porte.» Le chevalier sort chercher sa réplique mais ne la trouve sans doute pas, car on ne le voit pas revenir. «Nous sommes heureux si vous nous en avez débarrassés», conclut le duc de Sully.

Le mérite l'a emporté sur la naissance, avec l'approbation d'un duc. Lumières, Lumières... Quelques jours plus tard. Toujours à l'hôtel des Sully. Voltaire parle et brille. On le fait demander à la porte de l'hôtel. Il descend. Trois hommes, ou quatre, le rossent à coups de bâton, tandis que le chevalier de Rohan Chabot, qui a enfin trouvé ce qu'il cherchait, crie finement de son carrosse : «Ne frappez pas à la tête, il peut en sortir quelque chose de bon» (à prononcer avec gloussements et voix de nez).

Voltaire remonte, meurtri, bouleversé, chez le duc et ses hôtes. Qu'ils l'accompagnent sur-le-champ chez le commissaire!

L'hôtel de Sully, dans le Marais, donne idée des revenus de la haute aristocratie de cour, constamment réalimentée par les pensions royales. Voltaire se plaisait dans les châteaux, chez les Grands, mais peu dans les salons, pour d'autres raisons, on s'en doute, que celles de Jean-Jacques Rousseau.

La mort brutale d'Adrienne Lecouvreur (1692-1730), son amie et peut-être sa maîtresse, bouleversa Voltaire. Excommuniée par l'Eglise, comme tous les comédiens, elle expira avant d'avoir pu se repentir et fut jetée à la voirie (dépôt des ordures et des immondices).

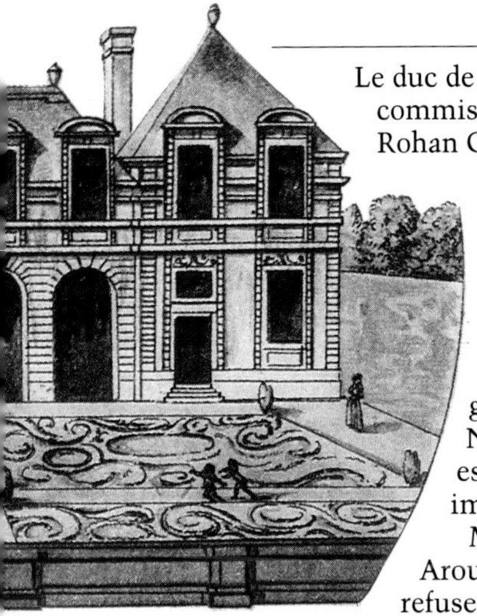

Le duc de Sully chez le commissaire ? Parce qu'un Rohan Chabot de bonne race, un peu fatiguée, a morigéné un poète insolent? Ils ne refusent pas avec indignation : ils refusent gentiment, en riant. Notre petit Arouet est vraiment impossible!

Mais le petit Arouet écume. Le drôle refuse d'en rire. Il prend des leçons chez un maître d'armes et, tenez-vous bien, clame qu'il provoquera le chevalier.

«Mons de Voltaire, mons Arouet, comment vous appelez-vous?» Chevalier de Rohan

Trop, c'est trop. Le 18 avril, le comte de Maurepas enferme Voltaire à la Bastille, pour quelques jours, avec la promesse de quitter le pays. Le bâton des Rohan ne suffit pas à expliquer le voyage en Angleterre. Voltaire se préparait à y aller, comme Maupertuis, comme Montesquieu le feront. Depuis plusieurs années, il appartenait au parti favorable au rapprochement franco-anglais mené par le cardinal Dubois et le régent. C'est en Angleterre qu'il envisageait d'éditer son épopée, *la Henriade.* Mais y serait-il resté trente mois? Aurait-il appris l'anglais avec tant de rage? Aurait-il été aussi sensible aux différences des deux nations?

Post-scriptum : d'autres témoignages attestent que la première prise de bec entre Voltaire et Rohan n'eut pas lieu chez le duc de Sully, mais au théâtre, en présence de la célèbre actrice Adrienne Lecouvreur, qui s'évanouit pour les séparer. La version plus tardive de l'abbé Duvernet – premier biographe de Voltaire – est moins sûre, mais obéit mieux au principe de l'unité de lieu.

Figure du *Pauvre Diable*, poème satirique de Voltaire contre une de ses bêtes noires, le rimailleur famélique, le plumitif sans talent ni morale, l'homme de main des basses besognes «littéraires».

Recette franco-anglaise

Comment faire, d'un brillant poète, un grand homme? Prenez un poète bien frais, maigre de préférence, l'œil vif. Faites monter en neige (ou en épingle), le plus haut possible, ses deux tragédies et son poème épique. Disposez un accompagnement de (grosses) légumes – comtes, ducs, marquises, et même, en saison, une grosse reine de France, de l'espèce dite polonaise, tendre au cœur – et laissez macérer au salon, en pleines lumières.

Puis – c'est l'opération délicate qui demande un tour de main –, retournez brusquement le poète, frottez-lui sans hésiter l'échine, à coups secs, pour lui ôter de sa consistance, et, de peur qu'il ne s'échauffe, mettez-le au frais (ou à l'ombre). Ressortez-le sans tarder et expédiez-le tel quel, bien agité, à vos cousins anglais. Faites dégorger entre Calais et Douvres. Achevez de le dégraisser complètement en le roulant dans la farine de son banquier en faillite. Fourrez-le entièrement à la langue d'Albion. N'oubliez évidemment pas le sel, le poivre, les épices : il en demande; vous pouvez agrémenter d'un léger persiflage finement haché.

Laissez mijoter trente mois, sous un peu de brume, avant de faire revenir à train doux sur Paris. Servez piquant, relevé par une pointe de vinaigre – un petit arrière-goût amer ne nuit pas –, en prose plutôt qu'en vers. Vous n'aurez que des compliments. En marinant dans la Tamise, la chair fine, mais un peu fade, du poète parisien prend en effet un succulent fumet de philosophie. Malgré les apparences, «le chaud-froid de poète au beurre noir» reste un plat authentiquement français, qui fut longtemps goûté dans les meilleures maisons comme un régal.

Les poètes mangent aussi

Plaies de bâton ne sont pas mortelles. Plus préoccupantes, les questions d'argent : sait-on assez que les poètes mangent? Les pensions du roi et de la reine sont évidemment perdues. Soit. Mais voilà que son banquier fait faillite. Envolées, les rentes douillettes. Il convient donc de se refaire une santé, en vivant à la campagne. Sur trente mois, il n'en passera que douze à Londres.

Le roi George II, pourtant avare de pensions aux gens de lettres, lui accorde deux mille écus, pour son zèle pro-anglais, ou plutôt pro-gouvernemental. Car Voltaire a toujours eu le bon sens de soutenir les whigs au pouvoir. Indéniablement, peu sûr de ses appuis à la cour de France, il courtisait depuis longtemps la couronne anglaise.

M. de Voltaire manquerait-il de tact?

Va donc pour deux mille écus : ce n'est que justice. A quoi bon flatter les rois si, à leur tour, ils ne se

C'est en France que Voltaire avait rencontré l'illustre lord Bolingbroke (1678-1751), chef exilé du parti tory, ancien ministre des Affaires étrangères (à gauche), qui l'initia sans doute à la philosophie anglaise, avant de le parrainer à Londres. Ci-dessous : vue de Londres, première ville européenne, le commerce aidant.

dépensent pas un peu? Mais c'est insuffisant. Il organise une vente par souscription de *la Henriade*, luxueusement illustrée. Il réussit à recruter trois cent quarante-trois souscripteurs, véritable radiographie de sa percée dans la bonne société anglaise, et vécut peut-être pour partie sur les bénéfices de son épopée à la gloire du bon roi de la poule au pot. Les exemplaires expédiés en France furent saisis à la douane par la police. *La Henriade* ne plaisait ni au pape – il s'était plaint –, ni au Parlement, ni au roi. Et pourtant, dès juin 1727, il reçoit l'autorisation de revenir en France, sans en user.

On le soupçonne aussi d'avoir trempé dans de «tortueux» trafics de librairie, dans de «louches» combinaisons financières, qui auraient motivé un départ d'Angleterre en catimini, quasi clandestin. C'est ainsi : Voltaire a besoin d'argent, de beaucoup

Remarquable représentation de Voltaire par Quentin de La Tour. D'un Voltaire sûr de lui et de son talent, comme toujours fort élégant, la grande œuvre à la main, l'illustrissime *Henriade* dont il a fait cadeau, via l'Angleterre, à la France en mal d'épopée. Ci-dessous, illustration de *la Henriade* (60 éditions de son vivant, 67 entre 1789 et 1830).

d'argent, et il ne voit pas l'intérêt de confondre la morale et la finance. Cette saine philosophie lui permettra de mourir immensément riche, sans comprendre pourquoi tant de gens le jalousaient, qui n'avaient eu qu'à naître pour vivre sans soucis.

En 1818, la Restauration rétablit la statue équestre d'Henri IV sur le Pont-Neuf, avec, dans le ventre, pour tout fourrage, *la Henriade*.

La langue d'Albion

A peine débarqué, il se terre dans un village. Parce qu'il traverse une crise profonde : corps défait, cœur ravagé – il vient de perdre la sœur aînée qui lui servit de mère –, bourse vidée. Mais aussi pour apprendre, d'arrache-pied, l'anglais. Il lui faut cinq mois pour écrire sa première lettre en anglais. Au bout d'un an, il rédige son premier livre : *Essay upon epick poetry*, qui est aussi son premier ouvrage en prose. Il rédige encore en anglais son premier livre d'histoire : *Essay upon the civil wars of France* – retombées de *la Henriade*. C'est en Angleterre qu'il conçoit *l'Histoire de Charles XII* (1731), qu'il écrit (en prose anglaise) le canevas du premier acte de sa tragédie *Brutus* (1730), qu'il forme le projet des futures *Lettres philosophiques* (1734), dont la moitié environ sont d'abord écrites en anglais. On n'oubliera pas que ce brillantissime reportage, volontairement embelli, le premier vrai grand livre de Voltaire, paraîtra d'abord en Angleterre et en langue anglaise : *Letters concerning the english nation* (1733).

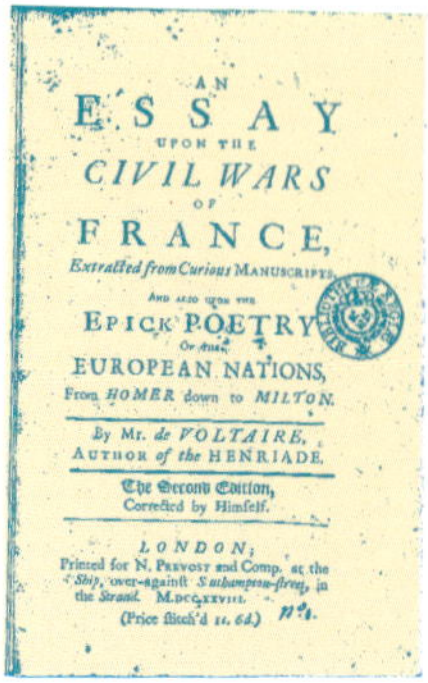
AN
ESSAY
UPON THE
CIVIL WARS
OF
FRANCE,
Extracted from Curious MANUSCRIPTS.
AND ALSO UPON THE
EPICK POETRY
OF THE
EUROPEAN NATIONS,
From HOMER down to MILTON.
By Mr. de VOLTAIRE,
AUTHOR of the HENRIADE.
The Second Edition,
Corrected by Himself.
LONDON;
Printed for N. PREVOST and Comp. at the Ship, over-against Southampton-street, in the Strand. M.DCC.XXVIII.
(Price stitch'd 1s. 6d.)

Pendant deux ans, il a littéralement pensé, écrit, rêvé en anglais. Qu'est-ce donc que l'anglais, pour Voltaire? Il l'a dit : la langue énergique, passionnée, de la liberté et de la tolérance; la langue de la philosophie et de la science modernes, celle de Locke et de Newton, qui déclasse les «romans» philosophiques antérieurs, sublimes mais

chimériques – Platon, Descartes, Malebranche, Leibniz... – et surtout, sujet central du livre, l'esprit du christianisme, antinaturel, antisocial, antinational.

Pour apprendre la langue, il court quotidiennement au théâtre, textes en main, et reçoit le choc, contradictoire mais inoubliable, de Shakespeare vu, écouté, senti, de plein fouet, à Londres. Ce ne sont pas les romantiques qui ont découvert Shakespeare, mais, d'abord, les Français du siècle des Lumières, Voltaire en tête. Shakespeare, «perles dans un fumier» qu'il faut laver et parfumer de tous les parfums de Paris.

Mais les rapports de Voltaire et de l'Anglcterre ne sont pas à sens unique. Les œuvres de Voltaire remportèrent outre-Manche un énorme succès de

“Il y avait environ quatre cents hommes dans l'église, et trois cents femmes : les femmes se cachaient le visage avec leur éventail, les hommes étaient couverts de leurs larges chapeaux; tous étaient assis, tous dans un profond silence. [...] Enfin, l'un d'eux se leva, ôta son chapeau, et après quelques grimaces et quelques soupirs, débita, moitié avec la bouche, moitié avec le nez, un galimatias tiré de l'Evangile, à ce qu'il croyait, où ni lui ni personne n'entendait rien [...] — «Vous n'avez donc point de prêtres ? », lui dis-je.”

Sur les quakers, Lettres philosophiques

On n'imagine plus la fascination qu'exercèrent sur le public européen du XVIIIe siècle, et sur les écrivains, les romans de Richardson (en bas, à gauche, une illustration anglaise de *Pamela*, traduit en français dès 1742). Les *Lettres philosophiques* ignorent délibérément le genre romanesque, tenu pour inférieur.

librairie pendant un demi-siècle. Aucun autre auteur anglais, et donc français, n'a connu une diffusion comparable. La souveraineté de Voltaire sur la scène anglaise pendant tout le XVIIIe siècle ne fait aucun doute. Sur le théâtre que l'illustre Garrick, célébré par Diderot, dirige pendant trente ans, *Zaïre* (adaptée) connaît vingt éditions, et n'a devant soi qu'une seule pièce de Shakespeare, *Hamlet*!

«Sans cul, sans hanches, sans talents, sans goût...»

Parti sans bruit d'Angleterre vers novembre 1728, il séjourne incognito à Dieppe et ne revient à Paris qu'en mars 1729. Le tourbillon parisien le reprend : œuvres à écrire, à éditer, à faire jouer; argent à gagner et à faire fructifier; bons mots à répandre.

Mais en 1733, il rencontre Emilie du Châtelet. «Représentez-vous une femme grande et sèche, sans cul, sans hanches, la poitrine étroite, deux petits tétons arrivant de fort loin, de gros bras, de grosses jambes, des pieds énormes, une très petite tête, le visage aigu, le nez pointu, deux petits yeux vert-de-mer, le teint noir, rouge échauffé, la bouche plate, les dents clairsemées et extrêmement gâtées. Voilà la figure de belle Emilie [...]. Née sans talents, sans mémoire, sans goût, sans imagination, elle s'est faite géomètre pour paraître au-dessus des autres femmes.»

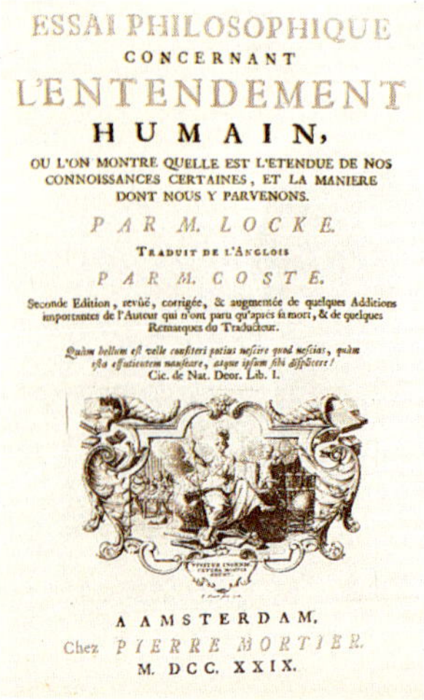
ESSAI PHILOSOPHIQUE
CONCERNANT
L'ENTENDEMENT
HUMAIN,
OU L'ON MONTRE QUELLE EST L'ETENDUE DE NOS CONNOISSANCES CERTAINES, ET LA MANIERE DONT NOUS Y PARVENONS.
PAR M. LOCKE.
TRADUIT DE L'ANGLOIS
PAR M. COSTE.
Seconde Edition, revûë, corrigée, & augmentée de quelques Additions importantes de l'Auteur qui n'ont paru qu'après sa mort, & de quelques Remarques du Traducteur.
Quàm bellum est velle confiteri potius nescire quod nescias, quàm ista effutientem nauseare, atque ipsum sibi displicere!
Cic. de Nat. Deor. Lib. I.
A AMSTERDAM,
Chez PIERRE MORTIER.
M. DCC. XXIX.

Qui égalera les femmes lorsqu'elles trempent leur plume dans ces deux noirs encriers : la jalousie, la haine? Mais ce portrait proprement meurtrier étale avec une jubilation malsaine, presque insupportable, tous les signes séculairement attachés, par le discours masculin

Un des livres fondateurs des Lumières, l'*Essai sur l'entendement humain* de Locke (1632-1704), publié en 1690, fut traduit dès 1700. «Locke créa la métaphysique [...] à peu près comme Newton avait créé la physique» (d'Alembert, *Discours préliminaire de l'Encyclopédie*, 1751).

(médical, philosophique, littéraire), aux femmes intelligentes : esprit, finesse, vivacité, acuité, médisance... Célimène accomplie, Sévigné au petit pied, Mme du Deffand déchire, avec une rage inassouvie, le rêve de la marquise du Châtelet, qui osa braver les normes de la féminité. La reine de salon ne s'y trompe pas : l'ambition d'Emilie la touche en plein cœur. Peu de textes sont aussi brillants et aussi douloureusement bas que ce canon du style «féminin» braqué à bout portant sur une femme déjà brisée – mais le XVIIIe siècle n'a pas nos états d'âme.

L'enjeu, c'est le statut de la femme.

Le grand comédien anglais du XVIIIe siècle, Garrick – dont la rencontre avec Diderot, en 1764, chez Helvétius, fut à l'origine du *Paradoxe sur le comédien* (1773) –, joue ici *Macbeth* avec Mme Pritchard, en costume contemporain selon l'habitude de l'époque.

«Ils ne croyaient pas avoir couché avec un si grand philosophe»

Supérieurement instruite, supérieurement intelligente, Emilie tente de pénétrer, à la force du poignet, dans le sanctuaire masculin des sciences et de la philosophie. La sanction est garantie d'avance : les femmes savantes sont là pour faire rire.

Trop femme pour être savante, trop savante pour une femme. Voltaire la couvre-t-il d'éloges excessifs dans une préface (mais c'est la loi du genre), un ami de la du Deffand y va de sa finesse : «Mme du Châtelet, femme forte, rivale de Newton et de Locke, cela donne trop à rire... Combien d'agréables diront qu'ils ne croyaient pas avoir couché avec un si grand philosophe.»

Lorsque Voltaire la rencontre, le 25 avril 1733, à l'Opéra, elle a déjà trois enfants, et considère que c'est assez donné aux bienséances. Elle s'est jetée dans le tourbillon du monde, en femme qui n'a jamais su faire les choses tièdement. Voltaire, amant charmant, amant de neige, s'ajoute d'abord à ses plaisirs. Mais voilà que la parution intempestive des *Lettres philosophiques* (avril 1734) déchaîne un tollé. Le Parlement, jansénisant, se fâche et condamne le livre au feu, le 10 juin. Avec Fleury et le chancelier d'Aguesseau, l'heure est à l'ordre moral; on envisage de proscrire romans et journaux, qui empoisonnent, on le sait, l'esprit public.

On le menace d'arrestation, pour l'inciter à fuir : que gagnerait-on à enfermer Voltaire ? Fuir, mais où ? En Hollande, en Suisse ? A Cirey, château de la

Montesquieu, Maupertuis, d'Alembert et toute l'aristocratie européenne ont fréquenté le salon de la marquise du Deffand (1697-1780), frappée de cécité en 1754, abandonnée en 1764 par Julie de Lespinasse et ses fidèles, exaltée et tourmentée par sa passion ultime pour Horace Walpole (1717-1797). Il reste ses lettres et ses mots, et son cœur vide ravagé par l'ennui.

On ne se consolera jamais d'avoir perdu la correspondance d'Emilie (à droite) et de Voltaire, sans doute brûlée, comme bien d'autres, sur l'autel des convenances. Selon Voltaire, la marquise « écrivait plutôt comme Pascal et Nicole que comme Mme de Sévigné». Tant mieux. Quelle force dans ce simple cri : « Si vous aviez vu sa dernière lettre [de Voltaire] [...] elle est signée et il m'appelle madame [...], la tête m'en a tourné de douleur» (30 janvier 1737).

marquise perdu aux confins de la Lorraine. L'y voilà pour dix ans. Premier port d'attache avant Ferney, premier «paradis» voltairien. Une des plus fortes aventures intellectuelles et sentimentales de l'histoire de la littérature commence.

Voici donc Cirey, qui rime avec Ferney, la jeunesse en moins. Mme de Graffigny, qui y séjourne en 1738-1739, s'extasie sur le confort des appartements de Voltaire et Emilie, mais ajoute que tout le reste «est d'une saleté à dégoûter».

«Il faut mentir comme un diable, hardiment et toujours»

Seul à Cirey, qu'il aménage à ses frais, car l'hiver lorrain est rude et le château ouvert à tous les vents, mais bien instruit des rumeurs de Paris, Voltaire fait montre de philosophie : «Que ma femme me fasse

souvent cocu, que Mme de Champbonin (une voisine) n'ait pas d'indigestion, je serai toujours heureux» (août 1734).

Mme du Châtelet arrive le 20 octobre, repart en décembre : les draps sont de glace, en hiver, à Cirey, et à Paris elle voudrait ranimer la flamme de Maupertuis, qui se prépare à partir au pôle Nord mesurer le méridien pour prouver aux cartésiens – ils dominent à l'Académie des sciences – la vérité des théories de Newton. Il en reviendra avec des calculs probants et deux Lapones.

A Paris, Fleury a fini par approuver un projet de désaveu des *Lettres philosophiques* : un cardinal

“Emilie m'a menée voir l'appartement des bains. Ah! Quel enchantement que ce lieu! [...] Si j'avais un appartement [de bains] comme celui-là, je me serais fait réveiller la nuit pour le voir...”
Mme de Graffigny

n'a que bienveillance pour une âme qui se repent. Ces cérémonies n'ont jamais tourmenté Voltaire, car il aime faire plaisir. «Le mensonge n'est un vice que quand il fait mal. C'est une très grande vertu quand il fait du bien. Soyez donc plus vertueux que jamais. Il faut mentir comme un diable, non pas timidement, non pas pour un temps, mais hardiment, et toujours [...]. Mentez, mes amis, mentez, je vous rendrai à l'occasion» (21 octobre 1735, à propos d'une pièce dont il s'agit de nier qu'il soit l'auteur).

Le portrait d'apparat ne donne pas une juste idée de Fleury, prélat rusé et bonhomme, qui régna «doucement et poliment», dit Voltaire, mais sans partage, de 1726 à 1743, sur la France, pour avoir été précepteur de Louis XV. Rien, chez Voltaire, ne pouvait lui convenir, sauf ses relations avec Frédéric.

La sagesse et l'héroïsme

Le 2 mars 1735, le lieutenant de police l'avertit qu'il peut revenir à Paris, en «homme sage [...] qui a acquis un certain âge». Le lieutenant a doublement raison : Voltaire a quarante ans, et sage rime effectivement avec âge. Mais la raison des lieutenants de police n'est pas exactement celle de Voltaire. Le 30 mars, il est à Paris, qu'il quitte à la mi-avril pour Lunéville. A Emilie de choisir. La décision est prise, dès mai : entre Paris et Cirey, entre le monde et Voltaire, entre le plaisir et le bonheur, elle a choisi, à tout jamais... «Il y a de l'héroïsme ou peut-être de la folie à moi à m'enfermer en tiers [Voltaire, son mari et elle] à Cirey, cependant le parti en est pris. [...] Je le perdrais tôt ou tard à Paris, ou du moins je passerai ma vie à craindre de le perdre.»

«Je le sauverai de lui-même»

Sans vouloir réduire dérisoirement la vie de Mme du Châtelet à un schéma simpliste, ni encore moins l'expliquer par une psychologie de pacotille, on est tenté de la durcir autour d'une double ambition, qui donne la mesure de sa valeur et de son amour : sauver Voltaire de lui-même, en le protégeant de ses démons; se rendre non pas l'égale du génie, mais digne de lui, en refusant de s'abîmer dans l'adoration du grand homme ou le fantasme du maternage – car, en pure aristocrate, elle n'eut jamais celui de la maternité.

Protéger Voltaire, c'est filtrer les nouvelles désagréables qui le mettent en transes; le retenir de courir derrière tous les libelles qui lui sautent au mollet – mais aussi de publier, voire d'écrire des œuvres dangereuses –; l'empêcher de foncer dans les pièges tendus; mobiliser les amis et relations de Paris pour mille et une choses... Entre la protection et la possession un peu tyrannique, la marge est évidemment étroite. Mais si elle a beaucoup reçu de Voltaire, Emilie a aussi beaucoup donné, beaucoup souffert : à la mesure d'une âme entière et passionnée.

« Lekain, simple artisan, n'ayant qu'une figure déplaisante et sale, une taille mal prise, un organe sourd, un tempérament faible... se montre le plus grand acteur, le plus beau, le plus imposant des hommes », rapporte Mlle Clairon. C'est Voltaire qui le découvre, le forme, l'instruit, le fait débuter au Français dans *Brutus*. Il crée *Rome sauvée*, *l'Orphelin de la Chine*, *Tancrède*, *Adélaïde du Guesclin*, et meurt à 49 ans, quand Voltaire revient à Paris.

«C'est affreux d'empêcher Voltaire de faire des vers!»

Cette femme de feu est aussi animée d'une autre ambition farouche. Elle fait, aux côtés de Voltaire, un incroyable effort pour devenir la femme la plus savante de France en matière de sciences et de philosophie : *Institutions physiques* (1740); traduction et commentaire des *Principes mathématiques de philosophie naturelle* (1759, posthume), la seule traduction longtemps disponible de Newton; *Examen de la Genèse*; *Discours sur le bonheur.*

Cirey est un laboratoire d'idées : physique, métaphysique, littérature, morale animent les conversations, les débats, les joutes. A Cirey, Voltaire approfondit son initiation à la science moderne, à la philosophie, allant jusqu'à écrire un *Traité de métaphysique* (1735) qu'il ne publiera jamais.

Mais il n'oublie pas les belles-lettres. «C'est affreux d'empêcher Voltaire de faire des vers!» s'écrie en 1738 une visiteuse qui n'aime pas Emilie. En fait, comédies, tragédies – cinq de 1735 à 1748, dont *Mérope et Mahomet* –, poèmes, satires, s'accumulent. Il met en chantier un de ses chefs-d'œuvre, *le Siècle de Louis XIV*, dont la police saisira, en 1739, les premiers chapitres à l'impression, de même qu'elle mettra sous clef les mémoires manuscrits du duc de Saint-Simon. En 1741, il aborde ce qui deviendra l'*Essai sur les mœurs*. Et bien entendu, il écrit des lettres, des lettres, des lettres.

Feu de minuit

«Ma chère enfant, je viens de perdre un ami de vingt ans. Je ne regardais plus il y a longtemps Mme du

Lors de son séjour anglais, Voltaire n'eut pas l'idée de visiter Newton qui mourut en 1727. Mais il se fit, à partir des *Lettres philosophiques*, le champion du newtonianisme (satire ci-contre), c'est-à-dire d'une philosophie expérimentale.

Newton découvre par l'observation, mais sans pomme, la réflexion de la lumière. Manuscrit newtonien (à droite).

Châtelet comme une femme, vous le savez, et je me flatte que vous entrez dans ma cruelle douleur. L'avoir vu mourir, et dans quelles circonstances! et par quelle cause! cela est affreux» (Voltaire à Mme Denis, 10 septembre 1749).

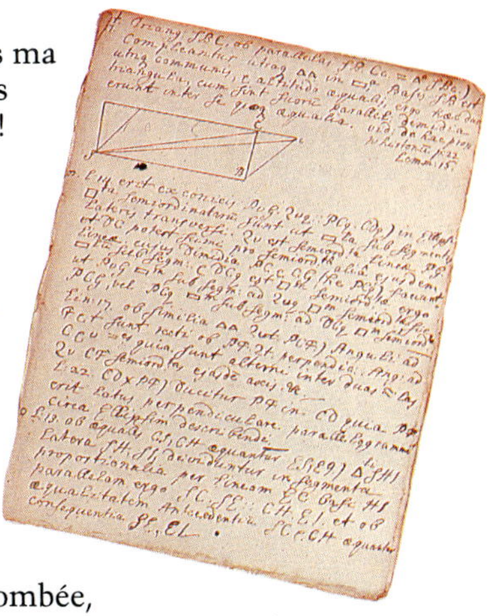

Est-on obligé de prendre au pied de la lettre, comme tant de commentateurs, l'aveu de séparation de corps ici rappelé à Mme Denis, sa nièce et... maîtresse (depuis 1744), qui régnera sur un autre château, à Ferney? En tout cas, on constate que Voltaire fait une scène de jalousie très violente quand il surprend sur un sofa Mme du Châtelet et le jeune poète Saint-Lambert, en figures d'une géométrie non équivoque. Fureur vite retombée, dès le lendemain. Car il ne fut jamais jaloux.

A quarante-deux ans, Mme du Châtelet vit cette liaison médiocre avec un homme médiocre, qui la trompe, comme un incendie.

«Mordieu! de quoi vous avisiez-vous de lui faire un enfant?»

En janvier 1749, elle se découvre enceinte. On attire à Cirey le marquis du Châtelet – qui n'a pas couché avec sa femme depuis dix ans –, pour qu'il puisse endosser l'enfant. La marquise accouche dans la nuit du 3 au 4 septembre; et meurt le 10, non sans avoir achevé, par un travail acharné et prémonitoire, sa traduction de Newton. Hébété, Voltaire apostrophe Saint-Lambert : «Ah! c'est vous qui l'avez tuée.»

Voltaire en 1745, soigné comme il le restera jusqu'au bout, à l'apogée de sa faveur à Versailles, fouetté par sa liaison naissante avec Mme Denis, sa nièce. Il n'a encore publié aucun conte, ni entamé sa campagne contre l'Eglise. Il a la gloire, il lui manque la légende. Il lui faudra – comme à Hugo, Guernesey – la disgrâce royale, la mort d'Emilie, le séjour berlinois et ses surprises, l'interdiction de revenir à Paris, pour atteindre enfin, à partir de la soixantaine, au diapason du siècle qui bascule entre 1750 et 1760, sa véritable dimension. Car, de l'immense labeur déjà accompli de 1718 à 1745, que reste-t-il à nos yeux? Les *Lettres philosophiques*, quelques vers et des lettres qui nous intéresseraient moins, s'il n'était devenu le Voltaire de Ferney! On ne s'étonnera jamais trop, à constater la précocité de son talent, de cette lente maturation vers la plénitude. Quel contraste avec Jean-Jacques Rousseau, qui produit l'essentiel de son œuvre et scelle sa destinée en une prodigieuse décennie (1750-1761)!

Et soudain furieux, il crie : «Mordieu, de quoi vous avisiez-vous de lui faire un enfant?» L'enfant, fruit de la passion d'une femme exceptionnelle et de la sottise d'un homme très ordinaire, ne survécut pas.

Sur quelle image quitterons-nous Emilie du Châtelet, qui occupa quinze ans de la vie de Voltaire et mourut de ce désarroi, la passion? Celle-ci, peut-être, d'un grand château de province mal fichu, perdu dans des bois touchés par l'automne. Et au milieu des colis à peine déballés, une jeune femme aux cheveux noirs très longs, relevés par derrière jusqu'au haut de la tête, et bouclés comme ceux des petits enfants, en robe d'indienne à grand tablier noir. C'est cela, le bonheur, dont *le Mondain* (1736), trop pressé de moquer le rigorisme chrétien, tente en vain de nous donner quelque idée : Emilie, rieuse dans la lumière d'automne, dans le désordre d'un château de province au fond des bois.

Saint-Lambert (1716-1803), militaire, poète et séducteur, conquit la gloire avec *les Saisons* (1769), après avoir conquis le cœur d'Emilie sur Voltaire, fermé celui de Sophie d'Houdetot à Jean-Jacques Rousseau! Il ne fit pas mourir Sophie, mais exigea le sacrifice, par le feu, des lettres de Rousseau...

Mais cela, Voltaire, trop classique, trop aristocratique, ne peut pas, ne sait pas le dire – en octobre 1734, il jette sur le papier : «Mme du Châtelet, au milieu de ce désordre, rit et est charmante...».

Car cela, c'est Rousseau qui l'apprendra aux écrivains français.

Un peu de littérature comparée

Rousseau rêve ses amours. Diderot aime Sophie Volland : ombre blanche de papier, soûlée de mots sans retour. Montesquieu ne s'est jamais donné qu'aux idées. Sade, inlassablement, tourne et retourne les corps dans le cachot de sa tête hallucinée. De Marivaux, de Prévost, nous ne savons rien.

C'est un paradoxe assez fort que, de tous les grands écrivains des Lumières, Voltaire soit le seul qui ait rencontré, aimé et côtoyé, jour après jour, une femme digne de lui.

Le 12 octobre 1749, Voltaire est à Paris. Le 10 janvier 1750, Mme Denis s'installe chez lui, rue Traversière, dans l'appartement de Mme du Châtelet.

En 1778, le seigneur de Ferney jouit d'au moins deux cent trente mille livres de rentes annuelles : ce qui ferait de lui l'un des vingt plus gros rentiers de France! Pour la direction de *l'Encyclopédie*, Diderot gagne cinq mille livres par an, Suard et Marmontel, gras bénéficiaires des sinécures culturelles, environ vingt mille livres. Que s'est-il donc passé? Par quelle étrange alchimie le plomb vil de la littérature en or pur s'est-il changé?

CHAPITRE III

DE VERSAILLES À POTSDAM : UN PHILOSOPHE CHEZ LES ROIS

Décor grandiose pour tragédie (*Sémiramis*, 1748) : du sépulcre, des flammes s'échappent vers la lune, un traître fuit dans l'ombre, tandis que le fils poignarde sa mère.

La cassette de M. de Voltaire

En réalité, Voltaire, en l'absence de droits d'auteur, ne pouvait nullement songer à faire fortune par la plume, contrairement à Balzac, Dumas, Hugo. Fruit de la spéculation et du prêt à intérêt, ses immenses revenus – quatre-vingt mille livres de rentes en 1749, cent vingt mille en 1754, deux cent trente mille en 1778 – rendent négligeables les bénéfices tirés de l'édition et du théâtre. Voltaire peut pratiquer dans les belles-lettres – contrairement à ce que croient les contemporains – un désintéressement de type aristocratique : bénéfices parfois abandonnés aux libraires, aux comédiens (Lekain, Mlle Clairon), à des amis (Thieriot) et protégés (Mlle Corneille). Mais même lorsque la mort de son père, en 1722,

Deux envoyés de l'empereur Joseph II, venus pour contracter un emprunt, dérangent J.-F. Villiez, marchand et banquier, plongé dans son livre de comptes. Scène emblématique du monde moderne à la Voltaire, et chère à son cœur, car le commerce, ennemi des passions, ébranle le fanatisme et la guerre, au profit d'intérêts cosmopolites et raisonnables! Les Lumières circulent avec l'argent...

le met dans la gêne, il préfère, plutôt que de vivre de sa plume en écrivant comme Marivaux, Lesage ou Prévost, des comédies et des romans, genres inférieurs, préserver sa stature de grand poète et son statut d'ami des Grands, en se lançant dans la spéculation financière afin d'assurer sa liberté créatrice.

L'argent, au même titre que le prestige inédit attaché à l'écrivain, fonde la sécurité et l'indépendance – tardives, ardemment désirées – du philosophe. Qu'il y ait gagné une réputation d'avarice sordide (largement injustifiée) ne change rien à la mutation fondamentale qu'il finira par imprimer à l'image de l'homme de lettres.

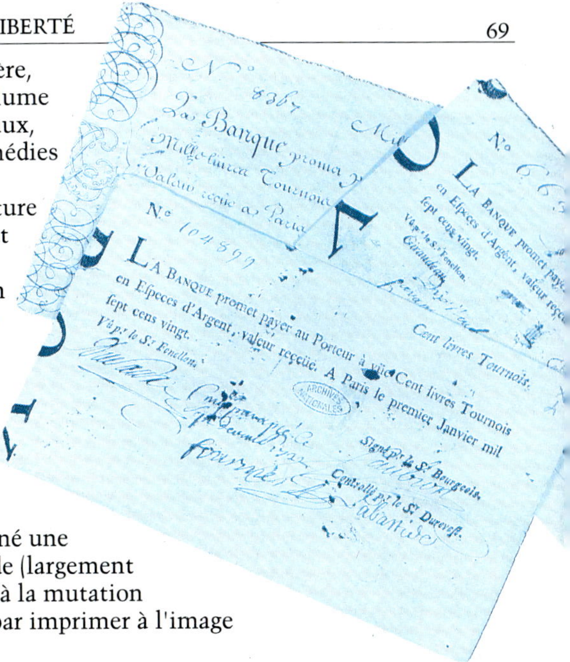

Petite chronique d'un poète mal en Cour

Comment comprendre qu'un écrivain aussi doué, aussi désireux de plaire que Voltaire, aussi habile, tenace, intrigant et combatif, ait aussi obstinément échoué à se faire une place au soleil de Versailles? Les faits sont pourtant là, dans leur répétition têtue. Bien entendu, cet échec appartient à la légende du «roi Voltaire» : et moi aussi, j'ai un royaume.

C'est d'abord qu'il commence mal : les exils, puis la Bastille sanctionnent ses écarts satiriques. *Œdipe, la Ligue* (1723) confirment les rapports de police : Arouet de Voltaire touche aux questions scabreuses, c'est-à-dire religieuses, avec une chaleur suspecte, un prosélytisme imprudent. Qui a-t-il pour lui? Les admirateurs de son talent poétique. Contre lui, les dévots, les Jansénistes, les politiques circonspects, les rivaux envieux. L'affaire Rohan conforte et cristallise le soupçon :

En voulant rattraper le retard français sur l'Angleterre et la Hollande, le financier Law, par sa faillite retentissante, renforça le culte du métal précieux.

cet homme attire les ennuis; il y a en lui un grain de folie. Moins il publie, et mieux cela va. Pourquoi le pousser au vice?

L'affectueuse vigilance de la censure

L'Histoire de Charles XII (1731) est saisie. Pour ne pas déplaire au roi de Pologne. *Le Temple du goût* (1733), satire en vers des réputations littéraires, déclenche un véritable scandale : ne va-t-on pas jusqu'à parler d'arrestation? En fait, personne n'y songe réellement en haut lieu, mais ces tracasseries, encouragées par le rusé cardinal de Fleury, en sous-main, visent à le modérer, à servir d'exemple. Disons que l'affectueuse vigilance de la censure mesure le talent de l'écrivain.

Les *Lettres philosophiques* (1734), tenues en réserve, tombent mal après *le Temple du goût*. Le titre seul est provocant. «On fut scandalisé de voir un poète, un laïque, oser juger Pascal» (Condorcet). La lettre de cachet lui laisse le temps de fuir (à Cirey), est rapportée au bout de onze mois, mais reste suspendue sur sa tête en cas de besoin.

Mme du Châtelet veille maintenant, et le pousse fermement à la prudence : l'idée de le perdre la terrorise. Mais même elle n'avait pas songé qu'une copie manuscrite du *Mondain* (1736), retrouvée dans les papiers d'un évêque libertin en route vers le ciel, pût susciter un tel tollé. «Cela m'apprendra à vivre», conclut-elle (28 décembre 1736) : bel hommage à la méthode Fleury d'autocontrôle. Voltaire se sauve en Hollande pour cette «plaisanterie très innocente». En octobre 1739, un *Recueil de pièces fugitives en prose et en vers*, titre candide où il avait glissé le début du *Siècle de Louis XIV*, est condamné au feu. L'histoire

Ce ne sont pas des livres de philosophes qui brûlent ici, mais des ouvrages jésuites, alors que l'armée spirituelle forgée par Ignace de Loyola court de défaite en défaite à travers l'Europe. L'ordre est interdit en France en 1762.

A l'égide de *Minerve :* le titre du tableau, qui s'affiche au-dessus de la librairie, vaut programme, dans une composition à forte teneur idéologique. Les ballots de livres non encore défaits attirent des amateurs, tandis que la boutique ouvre sur un espace public animé, où se côtoient constructions modernes et modèles antiques. Voltaire écrivait en 1766 à d'Alembert : «Je voudrais bien savoir quel mal peut faire un livre qui coûte cent écus. Jamais vingt volumes in-folio ne feront une révolution; ce sont les petits livres portatifs à trente sous qui sont à craindre.»

de la dynastie reste toujours, sous l'Ancien Régime, affaire d'Etat, et le nom de Voltaire n'est pas caution de réserve prudente. Voltaire va à Bruxelles.

Le 31 mai 1740, le ciel met du bleu : Frédéric monte sur le trône de Prusse, et on n'ignore pas qu'il admire Voltaire et correspond depuis 1736 avec lui. Emoi dans les chancelleries. A Paris, Emilie s'active pour le réconcilier avec le cardinal Fleury. La «réconciliation» a lieu en novembre 1740. Mais en 1742, nouveau scandale à propos de *Mahomet*. Voltaire est invité à retirer sa pièce, malgré son orientation antijanséniste. Il en fera accepter la dédicace par le... pape Benoît XIV!

Une seule tragédie de Voltaire, *Mahomet*, pèse plus lourd que les feuilletons de Geoffroy, critique bien pensant du *Journal de l'Empire*. Presse et théâtre furent, sous Napoléon, sévèrement muselés.

La célèbre marquise de Pompadour, née Poisson, qui usa sa santé et sa beauté dans l'enfer de Versailles, ne fut sans doute pas aussi acquise aux philosophes qu'on l'a dit, ni aussi influente que le veut la légende. Mais cette émissaire des milieux financiers dans le lit royal a su se hisser au panthéon des grandes favorites, que visite sans relâche la petite histoire de la monarchie française.

Missions secrètes

Il fallait bien que Fleury, quelque réticent qu'il fût, mourût : c'est chose faite en janvier 1743. Les d'Argenson accèdent aux affaires, la cote de Voltaire remonte. N'empêche que le parti dévot lui barre, malgré la maîtresse du roi, l'accès du siège de Fleury à l'Académie. Il avait déjà été battu en 1742 par Mme de Tencin, *via* Marivaux.

1743 compte sinon dans la vie de Voltaire, du moins dans ses biographies : il est chargé auprès de Frédéric d'une mission officieuse qui a fait couler l'encre. Le problème est le suivant : ses deux voyages précédents (1740, 1742) auprès de Frédéric étaient-ils aussi des missions secrètes sous le masque de l'amitié? La majorité des historiens le pense.

Mais s'il part à Berlin en négociateur officieux, est-il indispensable de parler d'espionnage? Sa mission fut très vite un secret de polichinelle, et il n'avait aucun intérêt à la garder secrète.

Echec ou succès – qui en décidera? –, sa mission le ramène en France et l'installe à la Cour : il en célèbre les hauts et petits faits, reçoit une pension de deux mille livres, devient historiographe du roi, comme Racine, gentilhomme de la chambre du roi, entre enfin à l'Académie en 1746. Sottises, il le sait, mais ces hochets lui font du bien. Il voudrait que la France officielle estampille son génie.

Nach Berlin? Ah! Paris!

En fait, bien que soutenu par la nouvelle maîtresse royale, Mme de Pompadour, sa situation reste précaire. Louis XV ne l'aime décidément pas. Les cabales s'agitent contre lui, auxquelles il attribue des échecs théâtraux mal acceptés. Il ne peut rien publier d'important : car *Zadig* (1748) ne saurait à ses yeux compenser *le Siècle de Louis XIV*. La mort d'Emilie, en 1749, lui ôte tout prétexte de refuser les offres répétées de Frédéric. Le 25 juin 1750, il part pour Berlin. Lorsqu'il l'annonce à Louis XV, celui-ci se contente de répondre : «Vous pouvez partir quand vous voudrez.»

Voltaire ne reviendra à Paris que pour y mourir de son triomphe, un triomphe sans précédent dans l'histoire.

La carpe et le brochet

En histoire, tout finit toujours par des questions. Pourquoi Voltaire a-t-il besoin des Grands et de la Cour? Par servilité, par fascination, répondent d'Alembert et Hugo. Plus prosaïquement, sans doute parce qu'il a besoin de leur protection pour publier, pour se faire jouer, parce qu'il a envie de consécration officielle, parce que l'intrigue l'amuse, car la flatterie ne lui coûte rien,

Portrait officiel, portrait convenu de Frédéric II (1712-1786), le plus grand monarque allemand... depuis Frédéric II (1212-1250). En faisant accéder la Prusse au statut de grande puissance, il infléchit durablement le destin de l'Allemagne et de l'Europe. Homme des Lumières, fasciné par la culture française, il méprisa jusqu'à sa mort langue et littérature allemandes. Mais il ne manqua pas son rendez-vous avec Voltaire.

La vie de château

Ces images – souper à Louveciennes, salon privé à Versailles sous Louis XV, bal masqué dans la Grande Galerie de Versailles (ci-contre) – appartiennent, quoi qu'on fasse, au mythe indestructible du XVIIIe siècle, tel qu'il continue de hanter l'imaginaire contemporain des cinéastes et des hommes de théâtre. Luxe, raffinement et volupté du décor, des étoffes, des échanges. Mais même à Versailles, monte le besoin de rapports plus intimes, d'une division plus stricte de l'espace privé et de l'espace public.

il sait ce qu'il vaut, et il ne cherche pas à poser devant l'Histoire, la main dans le gilet, face à l'océan : l'Histoire, pour lui, est une grande folle qui radote, entre deux massacres.

La Prusse, si longtemps différée, fut une revanche sur la monarchie française, une consécration inouïe. C'est la première fois qu'un souverain déploie publiquement de tels efforts pour séduire un homme de lettres. Voltaire, vedette, pendant cinquante ans, de la vie européenne, ne pouvait indéfiniment éluder le podium berlinois. Emilie le savait bien, qui, depuis 1736, voyait en Frédéric son principal «rival».

Mais pourquoi les autorités françaises ne font-elles aucun effort pour retenir un Voltaire? Parce que la première puissance européenne, la plus ancienne des monarchies, n'y voit nul enjeu. Elle n'a jamais essayé de se rallier les Philosophes, sans pour autant les persécuter. Elle avait d'autres chats à fouetter : les Jansénistes, les parlementaires, les contribuables. Frédéric et Catherine II ont une politique culturelle de pays neufs en quête d'intellectuels étrangers.

Mais cette fois, le poisson était un peu trop vif, un peu trop carnassier, et l'hameçon, bien que doré, ne lui arracha pas la langue.

Berlin, avant, après

Louis XV fait piètre figure entre Voltaire et Frédéric, qui dévorent leur siècle à belles dents. Du château de Cirey au château de Ferney, où Voltaire, en une dernière métamorphose, invente la vérité ultime de son mythe – philosophe et patriarche, entre lac et montagnes, semant le grain et la bonne parole –, il manquerait un épisode à sa légende : l'inoubliable équipée de Berlin (1750-1753). Si l'on veut comprendre ce que c'est que le don proprement inouï de changer la vie en légende, il suffit de comparer le voyage à Berlin et celui de Diderot en Russie (1773-1774). La prodigieuse vitalité de Diderot ne crée jamais l'événement : loin de se disperser, elle passe tout entière dans l'œuvre. Mais là où passe Voltaire, il se passe toujours quelque chose. A Berlin, on est gâté.

On a beaucoup reproché à Diderot, à Voltaire ou à d'Alembert leurs louanges de Catherine II, Sémiramis du Nord à forte poigne. Il ne semble pas que les clercs du XXe siècle aient mieux géré leur rapport aux politiques.

Conversation au château de Drottningholm (en haut), Louis XV sur le champ de bataille de Fontenoy (1745) : si un modèle de sociabilité aristocratique unifie l'Europe des élites, la guerre ne fut pas toujours en dentelles au siècle des Lumières, avant les grands carnages de 1789. C'est bien ce contraste brutal qui ouvre *Candide* : un château, et puis, barbare, sauvage, la guerre. Poète officiel, Voltaire chante bien entendu la victoire de Fontenoy.

Il faut donc résister à la tentation de faire jouer à ces deux grands hommes étourdissants un rôle convenu d'avance : le prince et le bouffon, le philosophe candide et le despote cynique, etc. C'est banaliser une relation sans précédent ni équivalent : le dialogue ininterrompu, pendant quarante-deux ans, d'égal à égal (presque!), d'un roi et d'un homme de lettres. Aussi brillants, retors et acérés l'un que l'autre; mais aussi avides de tomber les masques routiniers et de rêver un commerce épistolaire débarrassé des petitesses et des conventions ordinaires.

Frédéric, une des grandes passions voltairiennes

Voltaire n'a nullement été écrasé par Frédéric. Celui-ci n'a pu se passer de Voltaire. De l'impossibilité de vivre ensemble, constat a été fait, aigre, et même amer. Mais si leur liaison a perdu de sa fraîcheur, elle s'est maintenue jusqu'au dernier jour.

Et l'éloge funèbre de Voltaire par Frédéric a de l'accent et de la grandeur.

La courbe de leur commerce est éloquente : en quarante-deux ans, ils ont échangé environ huit cents lettres ; quelque quatre cent cinquante avant le séjour berlinois, près de quatre cents ensuite, sachant qu'ils ne se reverraient jamais. Tous deux ont eu conscience de polir les pierres d'un monument unique. Avec la littérature, l'argent et l'anticléricalisme, Frédéric fut une des grandes passions de la vie de Voltaire. Nul, dans l'immense correspondance – environ quinze mille lettres conservées –, ne peut lui disputer la première place.

Tout commence le 8 août 1736, quand Voltaire reçoit à Cirey une longue lettre, fort soignée, du prince héritier, plutôt malmené, toute l'Europe le sait, par un père à demi fou. Parallèlement, Frédéric tente de nouer, comme il le fera plus tard avec d'Alembert, une correspondance avec Fontenelle,

Il ne faudrait pas se laisser abuser par cette vue panoramique de Potsdam, avec son hôtel de ville et son palais neuf. Etat en pleine gestation, nation jeune, la Prusse ne pouvait guère rivaliser avec les pays de vieille assise, et Berlin tenait du grand chantier, comme Saint-Pétersbourg. Le XVIIIe siècle fut, en France aussi, une période d'intense rénovation urbaine.

qui s'esquive adroitement. Mais seul Voltaire était de taille à élever ce dialogue du sceptre et de la plume à la hauteur d'un mythe moderne...

Le roi-philosophe et le philosophe-roi

Jusqu'à l'invasion de la Silésie, de 1736 à 1741, la chanson philosophique berce leurs rêves. Le «Salomon du Nord» et le «Jupiter de Cirey» (sic!) dansent les pas gracieux, un peu cérémonieux, d'un opéra-ballet allégorique : Vertu, Humanité, Tolérance, Bonheur. Peuples, respirez! On veut vous rendre heureux. Un grand rêve pédagogique pétille dans l'azur, entre Prusse et Champagne.

Les premières rencontres (1740, 1742, 1743), inévitablement, provoquent des froissements, et l'invasion de la Silésie dissipe pour partie le songe voltairien : «Le prince jette son manteau de philosophe dès qu'il voit une province en bienséance» (13 mars 1741). Quant à Frédéric, il entend bien cantonner Voltaire dans sa spécialité, les vers et l'esprit. Déjà, les propos cinglants rappellent que nos deux philosophes sont carnassiers de bonne race. De Voltaire, qui ne veut pas y aller de sa poche quand il se déplace, Frédéric, enragé d'économies, n'hésite pas à dire : «Ton avare boira la lie de son insatiable désir de s'enrichir; il aura mille trois cents écus [...]. C'est bien payer un fou; jamais bouffon de grand seigneur

Comme tant de princes européens, et notamment en Allemagne, Frédéric II succomba au prestige versaillais du château découplé de la capitale, en construisant le fameux Sans-Souci (1745-1747). Bâti sur une hauteur dominant Potsdam, Sans-Souci devint sa résidence favorite. Frédéric mit aussi en chantier l'opéra de Berlin. Sans-Souci, un imprudent surnom si l'on songe que la guerre de Sept Ans allait mettre à rude épreuve le stoïcisme et les nerfs du roi-philosophe.
A droite, Voltaire et Frédéric, toute amabilité dehors.

n'eut de pareils gages.» Et Voltaire le quitte pour une femme! Quant à Voltaire, il confie : «Il faut que j'embrasse mon philosophe [Maupertuis] avant de prendre congé de la respectable, singulière et aimable putain [Frédéric!] qui arrive» (1er décembre 1740). «Bouffon», «putain»..., somme toute, cela ne commence pas si mal!

Le test de l'insolence

De fait, les dix ans qui suivent montrent clairement que le poète n'a pas l'intention de répondre aux invitations pressantes du roi de Prusse, et Emilie lui sert d'alibi bien commode. Il n'est même pas sûr qu'il songe, en 1750, à s'installer durablement à Berlin; en tout cas, c'est au Wurtemberg qu'il place ses capitaux! A la différence des intellectuels attirés

Homme de guerre, amateur de flûte, de jeunes gens et de belles-lettres, Frédéric sortit très éprouvé de la guerre de Sept Ans : «Des humeurs nocives engorgeaient ce corps épais et courbé. Le démon de la goutte assaillait tantôt les bras, tantôt les genoux, les mains, les doigts, les jambes, les orteils ; la douleur était parfois si brutale qu'il ne pouvait ni marcher, ni écrire [...]. Cariées, fendues, tant de dents lui étaient tombées, qu'il avait du mal à jouer de sa flûte bien-aimée. Le suicide le hantait souvent dans ses moments de dépression» (*Frédéric le Grand*, R. B. Asprey).

à Berlin par Frédéric – Maupertuis, La Mettrie, d'Argens, Euler, etc. –, Voltaire n'est tenu par aucune dépendance financière (ce qui n'exclut nullement les marchandages serrés). Mais de quelle marge de liberté dispose t il ? Jusqu'où vont donc les privilèges de l'argent et de la gloire portés par le génie de l'insolence ? Tel est au fond l'enjeu secret du séjour berlinois, et la réponse ne tarde pas trop.

Laver la tête du fou

C'est d'abord l'idylle, l'ivresse : vieux amants réunis par la mort de l'épouse. Choyé, adulé, Voltaire corrige les vers du roi, triomphe aux soupers philosophiques, écrit en liberté – il achève et publie enfin *le Siècle de Louis XIV* (1751).

Mais deux affaires (Hirschel, Maupertuis) cristallisent les froissements, les rancœurs que sécrète la cohabitation en milieu clos, et débouchent sur le drame de Francfort. Frédéric suit le chemin de tous les hommes d'ordre qui ont croisé Voltaire : désir violent de la punition, escalade de l'exaspération; sévérité, puis brutalité, puis cruauté. Père noble, roi, despote.

Force est de constater, sous la diversité des situations, des époques, des hommes, de la régence à Berlin, la permanence d'une logique et le retour des mêmes mots (fou, fol, folie). La «folie» voltairienne, comme celle d'un enfant indiscipliné et insolent, bafoue l'autorité adulte, insupportablement. Les lettres de Frédéric font un écho saisissant aux conseils paternels du lieutenant de police de Paris en 1735 : «Il a tenu la conduite d'un fou. J'attends que cette affaire [Hirschel] soit finie pour lui laver la tête et pour voir si, à l'âge de cinquante-six ans, on ne pourra pas le rendre, sinon raisonnable, du moins, moins fripon» (22 janvier 1751).

EDICT,
Wegen
der wieder hergestelleten
CENSUR,
derer
in Königl. Landen heraus kommenden
Bücher und Schrifften,
wie auch
wegen des Debits ärgerlicher Bücher,
so ausserhalb Landes verleget werden.
De Dato, Berlin den 11ten May, 1749.
BERLIN,
Gedruckt bey dem Königlichen Preußischen Hof-Buchdrucker,
Christian Albrecht Gäbert.

Cet édit de censure prussien de 1749 nous incite à considérer la censure comme une institution sociale dont on pouvait discuter les modalités, mais guère le principe. La Révolution, en décrétant la liberté d'opinion, ouvrit un grand débat : pouvait-on limiter la liberté d'imprimer?

Crime de lèse-président

Maupertuis avait eu mission de réorganiser l'Académie des sciences de Berlin, fondée par Leibniz et délaissée par le Roi-Sergent. Investi de pouvoirs considérables, il s'en était acquitté avec un autoritarisme qui ne supportait aucune contestation. Homme d'esprit, homme à poigne : l'affrontement était inévitable – «Maupertuis voulut dominer : Voltaire l'écrasa», note Thiébault dans ses *Souvenirs*.

Comme bien d'autres au XVIIIe siècle, il se prit pour Newton : il crut avoir découvert une clef universelle, le principe de moindre

action. Mais un membre associé de l'Académie, ce même König qu'il avait conseillé à Mme du Châtelet comme professeur de mathématiques, crut devoir en signaler l'origine dans une lettre de Leibniz. Fureur du président : le 13 avril 1752, l'Académie des sciences de Berlin au complet (moins Voltaire) condamne König comme faussaire! S'ensuit une petite guerre à la mode de la république des lettres.

Maupertuis (1698-1759) admis à l'Académie des sciences de Paris dès l'âge de 25 ans, à l'Académie française en 1743 mêla conquêtes amoureuses, recherches scientifiques et réflexions philosophiques souvent originales.

Le torchon brûle

Mais l'affaire se gâte par l'intervention (anonyme, sauf pour la police) de Voltaire (*Lettre d'un académicien de Berlin à un académicien de Paris*), suivie d'une réplique de... Frédéric (*Réponse d'un académicien de Berlin à un académicien de Paris*, anonyme, puis clairement revendiquée dès la seconde édition). Frédéric en fait donc une affaire d'Etat : il s'agit de la réputation de l'Académie, objet de tous ses soins. Voltaire aurait dû se méfier et tenir compte des avertissements du roi. Il prend au contraire prétexte d'un livre de Maupertuis (vingt-trois lettres de rêveries sur les sciences) pour lancer un de ses pamphlets les plus terribles, un de ces textes dont on ne se relève pas : *Diatribe du docteur Akakia contre un natif de Saint-Malo*. Maupertuis, malade, est foudroyé. La police saisit aussitôt l'édition (fin novembre). Le 27, Voltaire est contraint de signer une lettre humiliante, qui n'est pas loin de le réduire au statut de servitude d'un fonctionnaire des lettres prussien. Le dimanche 24 décembre, son livre brûle aux carrefours de Berlin. Le 1er janvier, il renvoie cordon, croix et clef de chambellan, qu'on lui rend. Il lui faudra cependant attendre trois mois son autorisation de congé, dans les affres qu'on imagine.

Au-delà des rivalités, des incompatibilités d'humeur et d'idées entre deux hommes de lettres, l'enjeu est clair : il touche aux rapports du pouvoir (Maupertuis, Frédéric) et de la liberté d'expression

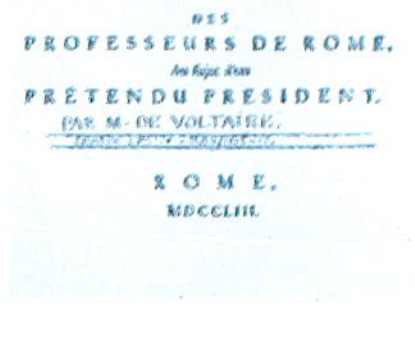

DIATRIBE
DU
DOCTEUR AKAKIA,
MEDECIN DU PAPE.
DECRET
DE
L'INQUISITION,
ET RAPPORT
DES
PROFESSEURS DE ROME,
Au sujet d'un
PRÉTENDU PRESIDENT.
PAR M. DE VOLTAIRE.
ROME.
MDCCLIII.

(König, Voltaire). Voltaire? «un méchant fou» (Frédéric, 29 novembre 1752). Ces folies-là sont l'honneur de la littérature.

Guet-apens à Francfort

Voltaire ne voulut pas partir disgracié : une réconciliation eut lieu le 19 mars. Il pouvait revenir, à condition d'être sage!

Il part le 26 mars avec sa croix, son cordon, sa clef de chambellan, et un exemplaire des poésies du roi. De Leipzig, il lance, en avril, une nouvelle ruade à Maupertuis. Le 11 avril, Frédéric ordonne la mise en place, à Francfort (ville libre), d'un traquenard policier impressionnant. Voltaire, entré dans la ville le 31 mai au soir, est arrêté.

Prétexte officiel : il a emporté, malgré ses promesses, la croix, la clef, le cordon, et surtout le livre des poésies royales. Est-ce vraisemblable? Et pourquoi, dans ce cas, Frédéric l'a-t-il laissé faire? Pourquoi ne pas les réclamer à l'amiable? En fait, on hésite entre deux hypothèses : ou bien il s'agit d'une vengeance soigneusement préméditée, destinée à l'humilier et à l'intimider (Frédéric craint sa plume); ou bien la dernière incartade de Leipzig est interprétée comme une déclaration de guerre.

Voltaire, puis Mme Denis, arrivée le 9 juin – «un fol et une folle», selon Frédéric – resteront prisonniers à Francfort jusqu'au 7 juillet, soumis aux brutalités, aux exactions de fonctionnaires prussiens très zélés et un tantinet voleurs.

D'Alembert (1717-1783) était sans doute, parmi les grands philosophes, l'un des plus proches des tendances profondes de l'esprit voltairien. Fils naturel de Mme de Tencin et du chevalier Destouches, abandonné dès sa naissance, il fit des études de droit, de médecine, avant de devenir un des meilleurs mathématiciens du siècle. Il joua un rôle déterminant dans l'essor du mouvement philosophique, par *l'Encyclopédie*, par ses fonctions académiques, par la diversité de ses intérêts.

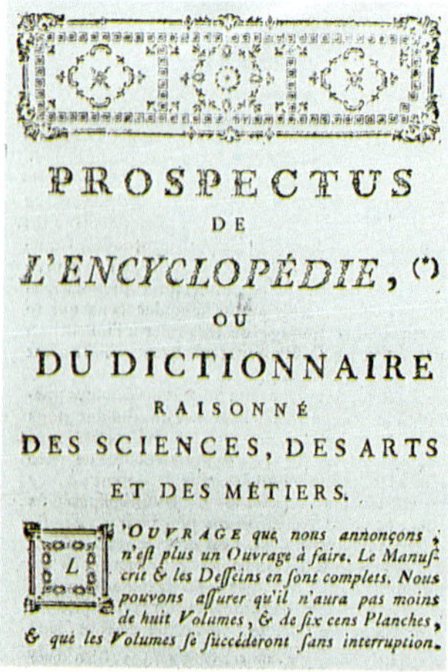

PROSPECTUS
DE
L'ENCYCLOPÉDIE, (*)
OU
DU DICTIONNAIRE
RAISONNÉ
DES SCIENCES, DES ARTS
ET DES MÉTIERS.

L'OUVRAGE que nous annonçons n'eſt plus un Ouvrage à faire. Le Manuſcrit & les Deſſeins en ſont complets. Nous pouvons aſſurer qu'il n'aura pas moins de huit Volumes, & de ſix cens Planches, & que les Volumes ſe ſuccéderont ſans interruption.

Voltaire et Frédéric, malgré tout

Francfort signifiait un divorce brutal, éclatant. Et pourtant, lentement, précautionneusement, la correspondance reprit. Tout commerce épistolaire suppose distance et connivence. Cela seul leur convenait : à Berlin, la tentation était irrésistible de traiter le poète en favori, et le favori en sujet. Frédéric a besoin de Voltaire, comme conscience littéraire (à qui soumettre ses textes?), comme interlocuteur à sa mesure, comme miroir et garant de son image et de sa politique culturelle (Berlin, «Athènes du Nord»). Et de fait, malgré tout, Voltaire lui décerne le brevet de roi-philosophe – de roi-philosophe qui n'aime ni *l'Encyclopédie*, ni Diderot, ni Helvétius, ni Rousseau. Parce que la philosophie n'a pas à se mêler de politique et de société : c'est une affaire de longs soupers et de petits vers. Là gît le malentendu : Frédéric pratique la philosophie en privé, de dos. Telle est la folie de Voltaire qu'il veut prendre le public à témoin. La correspondance résout ce nœud : mi-privée, mi-publique, mi-présente, mi-posthume.

Sorti des griffes de Frédéric, voilà Voltaire «entre deux rois le cul par terre». Il s'installe à Colmar (octobre 1753-octobre 1754) et affûte en silence une superbe supercherie littéraire : réécrire, pour les aiguiser contre Frédéric, ses lettres de Berlin à Mme Denis. Les critiques se laisseront berner plus de deux siècles par une quarantaine de fausses lettres, mêlées depuis deux cents ans à sa

Fameux portrait par Fragonard de Diderot, qui n'en fut pas émerveillé. Mais il n'était sans doute pas aisé de fixer ce génie mobile, expansif et secret, qui n'hésita pas, échaudé par le donjon de Vincennes (1749), à laisser dans l'ombre ses œuvres les plus fortes.

Le peintre Emile Girardet a pris la liberté de faire arrêter ensemble Mme Denis et Voltaire dans la ville libre de Francfort. La vivacité des sbires accrochés aux basques de l'oncle contraste avec la galanterie des fonctionnaires en uniforme. Les protestations de Voltaire, qui a ici belle allure, n'empêchèrent pas un traitement assez rude, sur la nature duquel historiens allemands et français se sont longtemps affrontés.

correspondance «authentique». Les «Lettres allemandes» qu'il aurait dû écrire de Berlin, s'il n'avait pas cru aimer le roi de Prusse, qui faisait semblant de l'aimer! Si la vengeance aime le froid, il se mitonne là, pour lui tout seul, dans l'hiver alsacien, un plat de roi.

Marie-Louise Denis, nièce et maîtresse

Qu'était Mme Denis, qui vint le rejoindre à Francfort et ne le quitta plus à partir de la Suisse, pour son oncle et bienfaiteur? Jusqu'en 1957, où furent éditées les lettres de Voltaire à sa nièce, on ne pouvait répondre que par des hypothèses. Cette correspondance ne remplace pas les lettres intimes de

Portrait de famille du «parti» philosophique, rassemblé dans le salon de Mme Geoffrin, en 1755, pour savourer la lecture de *l'Orphelin de la Chine*, pièce de Voltaire, exclu de Paris de 1750 à 1778. Tout ici respire le confort d'une élite intellectuelle mêlée à l'élite mondaine : ce qui n'est pas un reniement des Lumières, mais leur ambition avouée.

Voltaire et d'Emilie, qui furent brûlées. Par qui? Ou Voltaire, ou M. du Châtelet, ou... Saint-Lambert, qui exigea le même sacrifice de Sophie d'Houdetot, aux dépens des lettres d'amour de Jean-Jacques Rousseau. Mais ces cent quarante-deux lettres inédites, le plus souvent rédigées en italien, lèvent le voile. Mme Denis fut, pour Voltaire, à partir de 1744, la cause prochaine d'une grande flambée sensuelle, malheureusement traversée par de violentes et fréquentes coliques, qui le privaient de ses «seins ronds», de ses «fesses transportantes». Noire Emilie, ronde et blanche Mme Denis.

Mme Geoffrin (1699-1777) ouvrit son célèbre salon vers 1730, rue Saint-Honoré, au milieu des tableaux et des glaces. (Son mari fut l'un des fondateurs de la manufacture des Glaces. Lorsqu'elle épousa cet homme de 49 ans, elle en avait 14.) «Un véritable attachement pour les gens de lettres qui formaient sa société, l'emportait toujours sur ses craintes et ses égards pour les dépositaires du pouvoir», écrit l'abbé Morellet, un de ses intimes.

«J'ay été horriblement malade ma chère enfant. Je soufre (sic). Je ne peux ny sortir de chez moy, ny travailler, ny être oisif, ny digérer, ny faire diète, ny... j'enrage» (1747). – «Je me flatte de vous voir jeudi; si je suis malade, je baiserai vos belles mains et si je suis bien votre bouche. Adieu, je vous aimerai jusqu'à la mort» (en italien). «Je passe ma vie à ruminer comment je pourrais faire pour passer avec vous le reste de ma vie» (4 octobre 1748) : c'est un leitmotiv de la correspondance, mais qui ne devait guère convaincre Mme Denis; elle le savait invinciblement enchaîné à Mme du Châtelet.

Le talon d'Achille

Vers le 15 octobre 1746, il lui envoie ce charmant billet en italien : «Ma chère enfant, j'étais déjà informé de la belle victoire remportée par notre fier Saxon [Maurice de Saxe, le 11 octobre 1746] sur ce pauvre prince Charles [de Lorraine, général autrichien], toujours guerroyant et toujours battu. Grâces soient rendues à notre Achille de Saxe. Je veux boire avec vous à sa santé. Mais je vous prie d'être sobre et de me rendre sobre. Je vous demande la permission d'apporter ma mollesse. Il serait mieux de bander, mais que je bande ou pas, je vous aimerai toujours, vous serez la consolation de ma vie.» Cruels effets de la colique, talon d'Achille des tendres victoires.

C'est grâce à Mme Denis que Catherine II de Russie put acquérir, dès la mort de Voltaire, ses papiers et sa bibliothèque, qu'il n'avait pas eu besoin de lui vendre, comme fit Diderot. Mais faut-il le regretter? Ce long transport évita peut-être démembrement et funeste débandade.

Pourquoi Mme Denis (1712-1790), qui vécut si longtemps auprès de Voltaire, a-t-elle si peu tenté les biographes ? Ce portrait charmant ne l'explique pas, s'il justifie les émois vacillants de l'oncle quinquagénaire.

La vision d'un Voltaire poète inspiré surprend le lecteur moderne, tant notre image du génie voltairien s'est singulièrement rétrécie. L'étonnement s'accroît, et la distance historique des goûts, quand on constate que Gabriel de Saint-Aubin exalte la composition de *la Pucelle*, poème satirique commencé en 1734, publié en 1762, et qui transportait Frédéric II.

En mars 1755, Voltaire s'installe avec sa nièce aux Délices, près de Genève, et loue une propriété à Lausanne. Comme on tient mieux sur quatre pattes que sur deux, il achète, fin 1758, les domaines de Ferney et Tourney, en pays français de Gex. Tout est en place pour le feu d'artifice final.

CHAPITRE IV

DES DÉLICES À FERNEY L'EUROPE CHEZ SOI OU L'ART D'ÊTRE GRAND-PRÊTRE

Comment fixer Voltaire, insaisissable Protée ? Le peintre anonyme laisse couler la lumière du visage à la main, étrangement vigoureuse sur la plume dressée. Il n'est pas interdit de préférer ce croquis sur le vif de Ferney.

«Après avoir vécu chez les rois, je me suis fait roi chez moi»

A cheval sur les frontières, enfin maître chez lui, il va, de coliques en vapeurs, s'occuper infatigablement de tout ce qui ne regarde pas un homme de lettres traditionnel. Accordés au mouvement du siècle qui, en France, bascule indéniablement autour de 1750-1760, Voltaire et Rousseau, si vite ennemis, témoignent d'une même mutation : l'homme de lettres devient un philosophe, et le philosophe interpelle l'opinion publique. L'auteur change de statut : tout autant autorité morale et figure sociale que modèle artistique. Mais ce que le prophète Rousseau impose d'entrée de jeu, dès les deux *Discours* (1750, 1755), Voltaire l'obtient presque «par hasard», la soixantaine passée, sans renoncer jamais aux foucades et aux polissonneries qui désolent les têtes pensantes du «parti philosophique». Ce «parti» qui n'existe pas, ne l'oublions pas, dans la première partie du siècle.

Tout séparait Voltaire et Rousseau, figures emblématiques des Lumières. Tout... sauf la religion : Voltaire admirait la *Profession de foi du vicaire savoyard*, dans *Emile*. Mais cet affrontement symbolique est ici ramené à une banale dispute d'hommes de lettres.

Ondes de choc : le désastre de Lisbonne

Le premier novembre 1755, la terre tremble à Lisbonne : séisme, raz de marée, incendies, pillages,

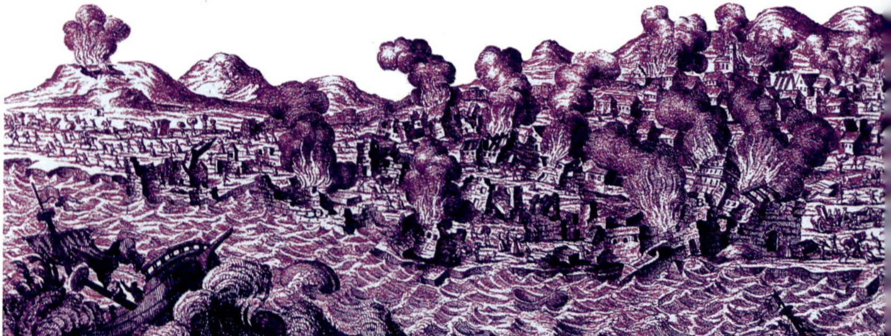

environ trente mille morts. La nouvelle parvient à Voltaire le 24 novembre, et on parle alors de cent mille victimes. C'est un chapitre célèbre de *Candide;* toutefois, la première réaction de l'écrivain ne fut pas ce rire amer, mais le *Poème sur le désastre de Lisbonne, ou Examen de cet axiome : tout est bien,* chez l'imprimeur dès le 4 décembre et publié en mars 1756. Quelques deux cent cinquante alexandrins pathétiques orchestrent l'émotion et l'angoisse métaphysique : comment concilier catastrophes et Providence, bonté divine et existence du mal? Ni la réponse des théologiens, ni celle des matérialistes, ni celle des philosophes de l'optimisme – Pope, Leibniz – ne sont acceptables : flots de paroles sur une plaie béante.

Ces interrogations sans réponses, servies par un nom illustre et des vers bien frappés, firent du tremblement de terre de Lisbonne un événement intellectuel européen. Pasteurs et théologiens, poètes, philosophes et savants – Kant, Jean-Jacques Rousseau, etc. – se précipitèrent pour relever le gant et dissiper cette incertitude tout à fait inconvenante.

C'est dans cette cossue demeure suisse, rebaptisée Les Délices, revendue en 1765, que Voltaire reçoit de plein fouet le choc du désastre de Lisbonne (ci-dessous). Preuve que ni l'âge ni l'argent n'avaient émoussé son cœur. Peut-être fallait-il cette paix pour souffrir si vivement du malheur d'autrui.

«Si Dieu est, d'où vient le mal? Si Dieu n'est pas, d'où vient le bien?» Leibniz

Les matérialistes répliquèrent avec hauteur que «tout ce qui est doit être, par cela même que cela est. Voilà la seule bonne philosophie». La nature, en effet, «songe uniquement au bien-être et à la préservation des espèces, et néglige absolument la conservation des individus. Elle s'inquiète peu de notre bonheur : elle compte pour rien nos douleurs, nos souffrances, et immole sans cesse l'individu au bien de l'espèce». A nous de nous adapter aux lois implacables de la nature, au regard de qui mal et bien n'ont aucun sens.

Jean-Jacques Rousseau prend la plume et écrit à M. de Voltaire pour défendre Pope et Leibniz : «"Homme, prends patience", me disent Pope et Leibniz [...]. Que me dit maintenant votre poème? "Souffre à jamais, malheureux [...] car on ne saurait voir pourquoi tu existes, si ce n'est pour souffrir et mourir." [...] Toutes les subtilités de la métaphysique ne me feront pas douter un moment de l'immortalité de l'âme et d'une Providence bienveillante.» Personne, en effet, rappelle Jean-Jacques Rousseau, ne nie le mal particulier; mais comment pourrait-il y avoir un mal général compatible avec l'existence de Dieu, parfait par définition? (18 août 1756). Donc, «le Tout» est bon, si tout n'est pas bien.

Quant aux théologiens, leur réponse est prête depuis qu'il y a des théologiens, et qui pensent : les tremblements de terre punissent les péchés des hommes et les rappellent à l'ordre.

Il est interdit de déposer du désespoir

Lisbonne n'a donc de sens et de retentissement qu'à travers les grandes idéologies des Lumières : théologique, optimiste, matérialiste – ou fataliste. Le poème de Voltaire fait scandale parce qu'il les

Génie universel, Leibniz (1646-1716) n'avait nul besoin de Voltaire ni de Pangloss pour traverser les siècles. Etranges rapports de la littérature et de la philosophie : Aristophane traîne Socrate dans la boue, et Voltaire bouffonne Leibniz, après avoir malmené Pascal.

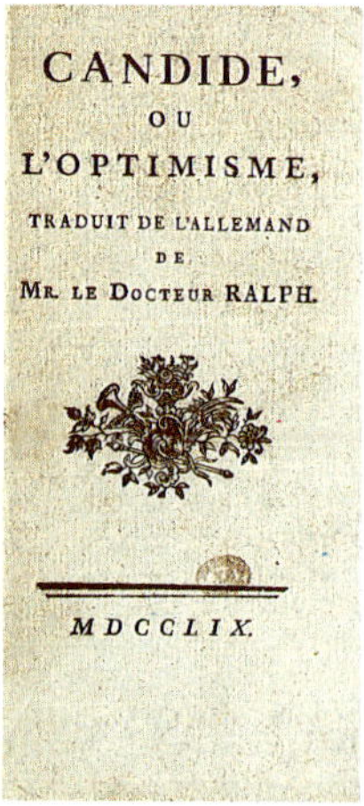

Le 18 mai 1756, l'Angleterre, nouvelle alliée de la Prusse, déclare la guerre à la France, alliée aux Russes et aux Autrichiens. La guerre de Sept Ans commence. Elle se terminera en 1763 sur un désastre français. Cette superbe gravure de Moreau le Jeune pour *Candide* illustre, avant Goya, les horreurs de la guerre qui obsèdent le conte et la correspondance de Voltaire.

renvoie dos à dos, dans une incertitude dramatisée, dont *Candide* (1759) donnera après coup la version comique et géniale. Le XVIIIe siècle n'aime pas du tout se retrouver, fût-ce le temps d'un poème, en veuvage de philosophies consolantes. L'angoisse du bonheur le travaille trop pour s'offrir ce luxe romantique. De ce besoin éperdu de croire en la bienveillance du monde, la duchesse de Saxe-Gotha est l'exemple vivant. La terre tremble à Gotha? La guerre de Sept Ans ravage son minuscule Etat et l'Allemagne? «Plus que jamais, Monsieur, je trouve que tout est bien», car, reconnaît-elle avec humour, elle a «le tic d'aimer, d'idolâtrer la Providence». Voilà une baronne toute trouvée pour le château de Thunder-ten-Tronckh et son métaphysicien de service.

Le rire philosophique

Candide ou l'optimisme soumet le providentialisme à un déluge de catastrophes et finit par lui clouer le bec : trêve de bavardages métaphysiques, «il faut cultiver notre jardin». Mais attention! Cette conclusion sans conclusion, soigneusement ambiguë, riche de multiples sens, ne clôt pas le débat. Car Voltaire ne peut échapper à la question posée par Rousseau : ou Dieu n'existe pas, et le problème de la Providence ne se pose pas; ou Dieu existe, et il est parfait. Et de fait, lorsque Voltaire prendra conscience, après *Candide*, de la montée de l'athéisme, il sera bien obligé de reprendre contre ses partisans les bons vieux arguments traditionnels qui déchargent Dieu de ce lourd fardeau, le mal. Dans *l'Histoire de Jenni ou le Sage et l'athée* (1775), Voltaire est forcé d'endosser, bon gré mal gré, la défroque de Pangloss!

Le conte philosophique, dont Voltaire a le brevet, porte de lourds problèmes : sa réussite tient donc à l'alliage de la philosophie et du comique, à l'art de simplifier sans sacrifier l'ambiguïté. Rien, dans son œuvre, n'approche à cet égard de *Candide*, cavalcade à travers les fureurs et les folies humaines, conçue d'une calme maison suisse, entre lac et mont Blanc. La verve de l'écriture comique, chez Voltaire, exige distance et calcul, tandis que le vers

Ce portrait attribué à Cochin tente d'éviter, par la douceur du regard et le modelé apaisé du visage, les stéréotypes de l'iconographie voltairienne : œil perçant, lèvres acérées, menton aigu. Voltaire bienfaisant plutôt que Voltaire grinçant. Mais le chapitre XXIX de *Candide*, où l'on retrouve Cunégonde vieillie et flétrie, est l'un des plus grinçants de la littérature française (Moreau le Jeune, détail, ci-dessous).

épouse aussitôt l'émotion. On le voit aussi avec les *Mémoires pour servir à la vie de M. de Voltaire, écrits par lui-même*, rédigés en 1759. Les déboires allemands s'y racontent dans le style et le rythme de *Candide* : l'autobiographie voltairienne ne peut s'écrire que dans la stylisation comique et l'après-coup ironique.

Ferney, son château, son église, et l'inévitable vache, qui regarde aussi. «On me demande par quel art je suis parvenu à vivre comme un fermier-général; il est bon de le dire, afin que mon exemple serve. J'ai vu tant de gens de lettres pauvres et méprisés, que j'ai conclu dès longtemps que je ne devais pas en augmenter le nombre» (*Mémoires*, Voltaire).

«Le dieu bienfaisant de Ferney»

1762 : une date sans écho dans la mémoire des Français. C'est pourtant le début de l'affaire Calas, grosse de l'affaire du chevalier de La Barre, et, toutes choses égales, de l'affaire Dreyfus. Moment symbolique : l'homme de lettres jette sa livrée de courtisan et mobilise la conscience publique sur de nouvelles valeurs. «Bouffon de grand seigneur», rageait Frédéric, sans y croire tout à fait. «Dieu bienfaisant», s'exclame en 1775 la jolie Mme Suard, femme d'académicien, en pèlerinage éperdu à Ferney. «J'ai enfin obtenu le but de mes désirs et de mon voyage : j'ai vu M. de Voltaire; jamais les transports de sainte Thérèse n'ont pu surpasser ceux que m'a fait éprouver la vue de ce grand homme; il me semblait que j'étais en présence d'un Dieu, mais d'un Dieu dès longtemps chéri, adoré, à qui m'était donné enfin de pouvoir montrer toute ma reconnaissance et tout mon amour. [...] Le cœur me battait avec violence en entrant dans la cour de ce château depuis tant d'années consacré par la présence de ce grand homme. Arrivée à l'instant si vivement désiré, que j'étais venue chercher de si loin, et que j'obtenais par tant de sacrifices, j'aurais voulu différer un bonheur que j'avais toujours compris dans les vœux les plus chers de ma vie [...]. Jamais je n'avais rien éprouvé de semblable» [*Lettres de Madame Suard à son mari sur son voyage à Ferney,* an X (1802)].

Une telle ferveur – c'est le culte du grand homme,

la sacralisation de l'écrivain qui commence avec Voltaire et Rousseau – ne saurait s'expliquer entièrement sans la mutation que Ferney imprime à l'image de Voltaire : génie sublime, mais aussi apôtre des Lumières, «le bienfaiteur du monde entier qui lui devrait de n'être plus souillé par les horreurs du fanatisme» (Mme Suard).

«Ces faquins de huguenots»

Bien entendu, vues de près, les choses ne sont pas aussi simples. Quelques mois avant Calas, le 14 septembre 1761, on arrête près de Montauban un pasteur clandestin, Rochette, et trois frères gentilshommes qui voulaient le délivrer. Un protestant de Montauban alerte et Voltaire et Rousseau. Rousseau répond qu'il s'est fixé pour loi de «s'en tenir toujours aux

Décor austère, pour cette assemblée du désert, et ombrelles contre la lumière du ciel : le culte protestant demeure interdit, bien que l'esprit de persécution recule, comme en témoigne l'édit de 1787, légalisant les mariages civils des réformés.

vérités générales», et que d'ailleurs les «assemblées du désert» (réunions clandestines de protestants) sont interdites par la loi. Quand une nouvelle lettre, le 26 mars 1762, lui apprend l'exécution des prisonniers et le supplice de Calas, il réclame des documents pour une intervention publique. Mais la condamnation de l'*Emile* l'oblige alors à fuir. Il n'a eu ni l'honneur ni le désir de mêler son nom à des «affaires».

Quant à Voltaire, les pasteurs de Genève viennent justement de lui échauffer le sang à propos de la liberté des représentations théâtrales – sujet de conflit symbolique : la rupture entre Diderot et Rousseau s'y joua en 1758. Il se dit prêt à «tirer sur le premier prêtre socinien (protestant) qui passera sur son territoire» (20 octobre 1761)! Et puis, les foules lui répugnent : «Jésus-Christ a dit qu'il se trouverait toujours entre deux ou

Les protestants soutiendront la Révolution française, malgré la formulation ambiguë de l'article 10 de la *Déclaration des droits de l'homme et du citoyen* : «Nul ne peut être inquiété pour ses opinions, même religieuses, pourvu que leur manifestation ne trouble pas l'ordre public établi par la loi» (26 août 1789).

MEMOIRES
D'UN
PROTESTANT,
Condamné aux
GALERES DE FRANCE
POUR CAUSE DE
RELIGION;
écrits par lui même :
Ouvrage, dans lequel, outre le recit des souffrances de l'Auteur depuis 1700 jusqu'en 1713; on trouvera diverses Particularités curieuses, relatives à l'Histoire de ce Temps-là, & une Description exacte des Galeres & de leur Service.

A ROTTERDAM,
Chez J. D. BEMAN & Fils.
M. D. C. C. LVII.

trois personnes assemblées en son nom, mais quand on est trois ou quatre mille, c'est le diable qui s'y trouve» (27 novembre 1761). Il écrit néanmoins au duc de Richelieu, gouverneur de Guyenne, pour lui demander la grâce de «ces faquins de huguenots». Le cœur n'y est pas.

C'est son cœur que les deux fils Calas vont toucher : émotion et haine du fanatisme. Cette affaire est encore obscure : ou bien le jeune Calas s'est suicidé (pourquoi? comment?), ou bien il a été assassiné par un rival, un maraudeur (piste négligée par les enquêteurs), ou bien le père a tué son fils converti au catholicisme (thèse qui vaudra à Calas d'être roué, étranglé et brûlé). Voltaire n'a pas le choix. Il ne peut plaider que le suicide.

Expressive allégorie de Jean Huber (ci-dessus) : confortablement installé, jambes croisées, devant un religieux rigide, Voltaire cite, glose et prêche le catéchisme voltairien, qu'il n'est jamais prudent de croire réalisé, et donc dépassé.

«Sur les bras du public attendri»

Mais il sait bien qu'il s'agit moins de raisonner que de remuer : «Nous sommes perdus si l'infortunée veuve [de Calas] n'est pas portée au roi sur les bras du public attendri. [...] Il faut soulever l'Europe entière, et que ses cris tonnent aux oreilles des juges» (6 juillet 1762). Extraordinaire organisateur! La grande banque protestante avance les fonds : avocats, frais de révision, voyage à Paris de Mme Calas (sans ressources). Finances, mais aussi politique : le pouvoir royal n'est pas fâché de tailler des croupières aux parlements, en fronde permanente depuis 1715 (et il a besoin de l'argent protestant, qui n'a pas trop d'odeur). Plutôt qu'à Rousseau, leur coreligionnaire, les têtes du parti protestant préfèrent donc laisser la direction des choses à Voltaire, qui mène campagne contre le fanatisme, sous l'étendard de la justice et de la pure vérité.

L'énorme réseau européen de ses correspondants est mobilisé, maintenu sous pression jour après jour, alimenté en textes traduits aussitôt dans toute l'Europe (du Nord). Mais l'affaire prendra trois ans :

Cette gravure, évidemment favorable à la campagne voltairienne, illustre la thèse du suicide du jeune Calas, dans le style pathétique si caractéristique de la sensibilité des Lumières (ci-contre).

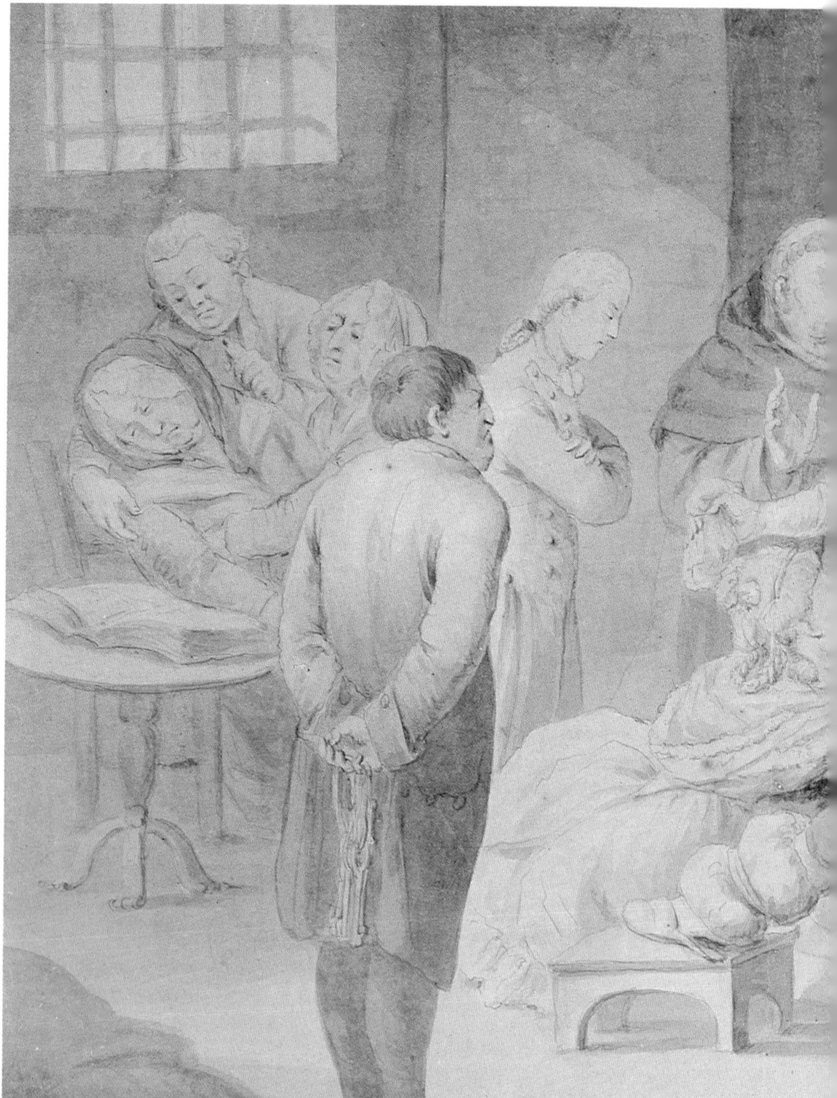

“Donat Calas, fils de Jean Calas, négociant de Toulouse, et d'Anne-Rose Cabibel, représente humblement :
Que le 13 octobre 1761, son frère aîné Marc-Antoine Calas se trouva mort dans la maison de son père, vers les dix heures du soir, après souper;
Que la populace, animée par quelques ennemis de la famille, croit que le mort avait été étranglé par sa famille même, en haine de la religion catholique;
Que le père, la mère, et un des frères de l'exposant, le fils d'un avocat nommé Gaubert Lavaysse, âgé de vingt ans, furent mis aux fers;
Qu'il fut prouvé que tous les accusés ne s'étaient pas quitté un seul instant pendant qu'on supposait qu'ils avaient commis ce meurtre;
Que Jean Calas, père du plaignant, a été condamné à expirer sur la roue, et qu'il a protesté, en mourant, de son innocence;[...]
Donat Calas se borne à demander que la vérité soit connue; et, quand elle le sera, il ne demande que justice.”

Requête au roi
en son conseil,
7 juillet 1762.

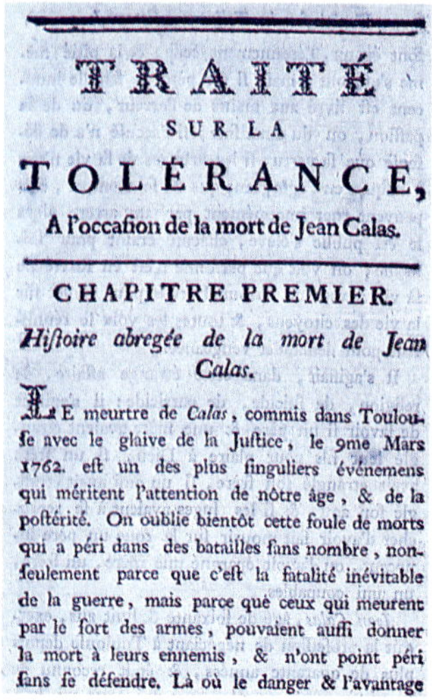

TRAITÉ
SUR LA
TOLÉRANCE,
A l'occaſion de la mort de Jean Calas.

CHAPITRE PREMIER.

Hiſtoire abregée de la mort de Jean Calas.

LE meurtre de *Calas*, commis dans Toulouſe avec le glaive de la Juſtice, le 9me Mars 1762. eſt un des plus ſinguliers événemens qui méritent l'attention de nôtre âge, & de la poſtérité. On oublie bientôt cette foule de morts qui a péri dans des batailles ſans nombre, non-ſeulement parce que c'eſt la fatalité inévitable de la guerre, mais parce que ceux qui meurent par le ſort des armes, pouvaient auſſi donner la mort à leurs ennemis, & n'ont point péri ſans ſe défendre. Là où le danger & l'avantage

c'est le 9 mars 1765 qu'un tribunal parisien prononce la réhabilitation. A l'unanimité.

Pas mal, M. de Voltaire! Car ce qu'il vient de faire, et qu'il refera pour La Barre et d'autres, aucun homme de lettres ne l'avait jamais fait, et aucun philosophe, autour de lui, ne s'y sera risqué.

Apôtre de la tolérance (*Traité sur la tolérance,* 1763). Mais qu'est-ce que la tolérance? Le respect des superstitions du voisin, sous l'arbitrage d'un Etat fort et éclairé, qui favorise le commerce des marchandises et des idées. Il ne va pas jusqu'à réclamer la séparation de l'Eglise et de l'Etat, pas plus que la plupart des Philosophes.

Qu'on ne méconnaisse pas la nouveauté inouïe d'une telle lithographie (ci-dessous) : une famille éplorée (les Calas) embrasse le genou d'un homme de lettres, dont la plume vaut un sceptre, et le fauteuil un trône.

Cette conception restrictive de la tolérance ne sera d'ailleurs promulguée par Louis XVI qu'en 1787 : c'est que la monarchie française a toujours eu mission de protéger la religion catholique. La fille aînée de l'Eglise n'ôte qu'avec peine sa robe sacrée.

«Ecrasons l'infâme»

Ecrelinf est l'un de ces cent soixante-quinze pseudonymes avec lesquels Voltaire épuise toutes les lettres de l'alphabet. C'est aussi son slogan le plus célèbre, apparu en 1762 : «Ecrasons l'infâme!» Car ce petit vieillard soûlé de gloire, couvert de richesses, s'était mis en tête, sous sa perruque poudrée, une dernière tâche : briser les colonnes du Temple (sans se faire écraser), couper l'«arbre qui ne porte que des fruits d'amertume et de mort; [qui] couvre encore de ses branches pourries une partie de l'Europe», bref, substituer au christianisme fanatique la religion naturelle. Ce fut la mission, le ressort de ses vingt dernières années, et il crut parfois qu'avec l'aide des

L'année de tous les supplices : 1766. Lally-Tollendal (1702-1766), ancien gouverneur des Indes françaises, accusé de trahison, est exécuté en mai pour s'être mal défendu contre les Anglais (ci-dessus). Le 1er juillet, le jeune chevalier de La Barre est décapité pour crime de sacrilège. Voltaire œuvrera à leur réhabilitation. Mais il attribue aux prêtres la responsabilité de l'attentat de Damiens contre Louis XV (5 janvier 1757), qui lui valut un supplice horrible (ci-contre).

Non content de se battre contre le christianisme et le cléricalisme, qu'il malmène vertement dans le *Dictionnaire philosophique*, Voltaire se chamaillait ferme avec son curé, soutenu par l'évêque. Déplacée et reconstruite à ses frais, l'église de Ferney (ci-dessus) portait cette inscription : «*Deo erexit Voltaire*». Il l'avait reconstruite pour Dieu, et pour le peuple. Voltaire croit en l'un, et craint l'autre.

«frères» philosophes, de la bonne compagnie et des rois éclairés, avec de la prudence, de la diplomatie et de la ténacité, en occupant les lieux stratégiques d'où l'on dirige l'opinion – allées du pouvoir, salons, académies, théâtres, journaux –, en inondant l'Europe de ses brochures, on pourrait refouler l'infâme dans son désert d'origine. Ce que quelques faquins avaient fait sous le nom d'apôtres, pourquoi des hommes éclairés et de bonne compagnie ne pourraient-ils le défaire, au profit de la paix et de l'humanité ? Est-on obligé, pour adorer Dieu – et Voltaire l'adore ! – de l'imaginer triplé, incarné, tué et ressuscité ? Ces absurdités lui soulèvent le cœur, car elles dégradent Dieu, car elles obligent à imposer le dogme par la force. Le supplice du chevalier de La Barre, adolescent condamné à avoir le poing coupé, la langue arrachée, la tête tranchée, et qu'on brûla avec le *Dictionnaire philosophique*, n'est pas absolument pour le contredire.

Concurrence des fabriques

Il faudrait des pages entières pour énumérer les titres qui déferlent de Ferney sur l'Europe : pamphlets, satires, contes, exégèses de la Bible, «fatras» (c'est son mot) et œuvres de fond, dont l'admirable *Dictionnaire philosophique* (1764), leçon de style à l'usage des Encyclopédistes un peu trop mornes.

Mais il est aussi débordé sur sa gauche par l'athéisme militant. La fabrique d'athéisme du baron d'Holbach s'attaque également à l'«infâme», mais pas pour mieux adorer l'Etre Suprême dans sa pureté radieuse et inconnaissable. Quand paraît, en 1770, *le Système de la Nature*, dont Diderot a rédigé la conclusion pour d'Holbach, Voltaire s'indigne. L'athéisme est une absurdité dangereuse qu'il faut combattre, en vers et en prose. Mais s'il y met autant de conviction, il faut bien reconnaître que l'athéisme

DICTIONNAIRE
PHILOSOPHIQUE,
PORTATIF.

LONDRES.
MDCCLXIV.

ne parvient pas à exciter sa verve autant que sa bonne Bible et ses noirs curés. Ce n'est peut-être pas entièrement «la faute à Voltaire». Les athées n'ont pas assez de sang sur les mains pour déclencher sa rage. En face, «fanatiques papistes» et «fanatiques calvinistes», «tous sont pétris de la même merde détrempée de sang corrompu» (à d'Alembert, 12 novembre 1757).

Vivre à Ferney

Ces montagnes d'imprimés ne suffisent évidemment pas à l'occuper. Il est aussi devenu «l'aubergiste de

PRIERE DE VOLTAIRE.

Ô Dieu qu'on méconnait ; ô Dieu que tout annonce !
Entends les derniers mots que ma bouche prononce.
Si je me suis trompé c'est en cherchant ta Loi,
Mon cœur s'est egaré : mais il est plein de toi ;
Je vois sans m'allarmer l'eternité paraître
Et je ne peux penser qu'un dieu qui m'a fait naître
Qu'un dieu qui sur mes jours versa tant de bienfaits
Quand mes jours sont éteints me tourmente à jamais.

Tout est dit, ou presque, de la religion voltairienne dans ces quelques vers typiques de son éloquence poétique. Un Dieu créateur et conservateur du monde, un Dieu juste et bienfaisant, qui récompense la vertu et néglige dogmes et rites, un Dieu sans légende ni image humaine. Sur ce credo déiste, Voltaire n'a jamais varié. Que ce Dieu sans foudre ni barbe veille, en bon gendarme moral, sur l'ordre social, il n'a pas de peine à l'admettre. Car les vrais sauvages, les hordes vraiment barbares, ne fument pas le calumet aux Amériques; ils campent autour des châteaux, ici en Europe, voués, par l'inexorable fatalité de l'inégalité, à la glèbe et à une nécessaire ignorance. Mais il serait léger de réduire à cela le déisme voltairien. Un univers intelligible suppose, selon lui, une intelligence créatrice. Le matérialisme athée est donc incapable d'expliquer la rationalité mathématique de l'univers newtonien.

Sous la houlette du plus prestigieux d'entre eux, la petite troupe des philosophes devise gaiement autour d'une table peu austère. Scène (cène?) imaginaire, bien entendu : Voltaire n'a sans doute jamais rencontré Diderot. On reconnaît dans l'assistance : le père Adam, d'Alembert, Diderot, La Harpe, Grimm, Huber, Marmontel et peut-être Saint-Lambert et Sophie d'Houdetot.

l'Europe» : c'est un défilé perpétuel de visiteurs, dont, dit-il, trois ou quatre cents Anglais en dix ans, qui ne peuvent manquer ce monument de l'Europe des Lumières. Voltaire y déploie les grâces inimitables de sa politesse raffinée et de son esprit. Mme Suard avait pris devant lui la défense de Jésus-Christ «comme celle d'un philosophe que j'aime le plus» pour ses paroles touchantes ou sublimes. «Que dirai-je, lui demande-t-elle avant son départ, à vos amis qui, à mon retour, vont tous m'entourer pour me parler de vous? – Vous leur direz que vous m'avez trouvé au tombeau, et que vous m'avez ressuscité!»

A Ferney, Voltaire s'est découvert, à soixante-cinq ans, une vocation de propriétaire terrien et de seigneur de village. Il assèche les marais, défriche des «bruyères immenses», amende les terres incultes, plante, et s'indigne que les paysans arrachent les jeunes plants pour les revendre à Genève comme bois de chauffage. Il construit des maisons, et déplace l'église, qui lui bouche la vue. Mais il manque de main-d'œuvre : ne serait-il pas raisonnable «de retenir et faire travailler à un prix raisonnable tous les mendiants, hommes et femmes, qui mendieront sur [les] terres» des grands propriétaires? «On soumet très humblement ces réflexions à l'équité éclairée des magistrats à qui l'administration publique est confiée», mais en attendant,

Le peintre et son modèle : Jean Huber, jeune et joufflu, sans perruque, travaille à un portrait de Voltaire assez guindé (ci-dessus). Même en robe de chambre et bonnet fourré (il était fort frileux et se plaignait souvent du froid jurassien), Voltaire porte perruque (ci-contre).

il faut attirer des travailleurs suisses et savoyards : et c'est cher – trente sous par jour. L'Etat, l'Etat éclairé par la raison, soucieux du bien général, de la santé des hommes et de la prospérité publique, devrait intervenir pour affaiblir l'attrait pernicieux des grandes villes sur les âmes simples et rustiques. Et puis, que de fêtes religieuses chômées, source de paresse, d'ivresse, de désordre moral! Craindre Dieu, oui. Mais faut-il pour autant cesser de travailler?

Job, Abraham et Hugo, plus quelques vaches

Peu attirées par Genève, presque réfractaires aux prêtres, les vaches et les génisses consolaient son cœur et prospéraient sous sa houlette : dix-huit vaches et cinq génisses en 1759; cinquante vaches, douze génisses, vingt bœufs en 1770. Industrieuses, les abeilles bourdonnaient en quatre

L'infatigable créativité voltairienne, la diversité de son talent (théâtre, poésie, histoire, philosophie, etc.), la nouveauté fracassante de sa présence au siècle, fascinent ses contemporains : la plume, un moment suspendue, ne va pas tarder à voler sur le papier.

cents ruches. Ses vaches, ses vignes, son blé, son lin, ses vers à soie, les pressoirs, les écuries, le bois de chauffe, le fumier, le lait tiède – à chaque visiteur sa gorgée –, les fruits et le miel, une tuilerie, une fabrique de montres, une de bas de soie, etc. : est-ce trop pour passer à jamais, aux yeux de la postérité, lui le «baladin des rois», comme le patriarche de Ferney, à peine plus riche que Job, à peine plus résistant qu'Abraham, peut-être un peu plus malicieux, un peu plus philosophe? Quand on y songe : quel prodigieux renversement d'image, quel sens de la légende! Non par goût de la pose : par appétit de vivre et de connaître, toujours intact, toujours brûlant. Seul Hugo, sur son île, réussira pareil tour de force, pareil couronnement mythique.

Portrait assez gauche, ou qui ne fixe pas le Voltaire que nous attendons.
Le fauteuil de Voltaire ne ressemble pas non plus à un voltaire, dont le modèle date de la Restauration.

Mort, farce et apothéoses

Mme Denis, qui s'ennuyait mortellement à Ferney, n'eut de cesse de ramener son oncle à Paris. Elle abrégea sans doute sa vie, mais lui permit une sortie de scène digne de lui. Arrivé le 10 février 1778, il tombe malade dès le 17, accablé par l'ivresse et la fatigue de ce triomphe inouï. A ne pas se confesser, il risquait d'être jeté à la voirie. Mais le clergé n'allait sans doute pas manquer d'exiger davantage : une rétractation solennelle. Que faire? Un abbé se présente, qui plaît à Voltaire : «C'est un bon imbécile [...] cela sauvera du scandale ou du ridicule.» Le 2 mars, au beau milieu du «confiteor», l'abbé Gaultier lui donne à signer une rétractation, «pour vous épargner la peine de la composer vous-même». Mais il reste

quelques forces à M. de Voltaire : «C'est moi-même qui vais la faire...», et il la fait d'un trait. Que dit-il? Non pas qu'il est catholique. Non pas qu'il renie ses œuvres, mais que «s'il avait jamais scandalisé l'Eglise, il en demande pardon à Dieu et à elle»! Apaisé par cette rétractation, il se confesse et reçoit l'absolution. Mais ses crachements de sang lui interdisent malheureusement toute communion! Un peu inquiet, l'abbé lui fait alors signer un post-scriptum, qui dément à l'avance un éventuel reniement du mourant. Est-ce la faute de Voltaire si, cette rétractation de la rétractation, il l'avait déjà rédigée? «Je meurs en adorant Dieu, en aimant mes

La grosse Mme Denis, qui fut renvoyée de Ferney de mars 1768 à octobre 1769, accueille lourdement un fauconnier en belle forme. Cunégonde, elle, s'était plutôt desséchée avec l'âge. Huber a même la cruauté de flanquer son modèle d'une jolie jeune femme.

«Ma nièce est un gros cochon, Monsieur, comme sont la plupart de nos parisiennes; cela se lève à midi; la journée se passe sans que l'on sache comment, on n'a pas le temps d'écrire, et quand on veut écrire, on ne trouve ni papier, ni plume, ni encre, il faut m'en venir demander, et puis l'envie d'écrire passe; sur dix femmes, il y en a neuf qui en usent ainsi. Pardonnez donc, Monsieur, à Madame Denis son extrême paresse; elle ne vous est pas moins attachée, et elle aimerait encore mieux vous le dire que vous l'écrire; je lui sers de secrétaire; je suis exact, tout vieux et tout malingre que je suis; il est bien juste que vous ayez un peu d'amitié pour moi puisque M. Morand votre confrère en a tant pour mon persécuteur Fréron.»

A Jacques Bagieu, 13 août 1760.

amis, en ne haïssant pas mes ennemis, et en détestant la superstition.» Que ce credo déiste ne dise pas comment on peut «détester» sans «haïr», n'enlève rien à son panache.

La perspective, même repoussée, de la communion avait apparemment revigoré le terrible vieillard : le 30 mars, il reçoit l'hommage de l'Académie française, et la foule le porte en triomphe à la Comédie-Française, pour la sixième représentation d'*Irène.* Mais il reste interdit à Versailles, et son sacre exaspère les dévots.

Le 23 mai, bourré d'opium, il est à l'article de la mort. Plus d'abbé Gaultier : c'est le curé de Saint-Sulpice, plus rigoureux, qui vient exiger une rétractation en règle. Mais Voltaire n'est plus en état de discuter théologie.

L'Eglise et le Pouvoir tombent d'accord le 23 mai pour éviter le scandale par qui tout arrive : on transportera Voltaire à Ferney, après sa mort, comme si le malade voulait rentrer chez lui, ce qui escamote élégamment l'épineux problème de l'inhumation ou du permis de transport du corps.

«Un billet de banque pour l'autre monde»

Mais le neveu de Voltaire, l'abbé Mignot, se souvint que son oncle était rusé. Il obtient de l'abbé Gaultier «un billet de banque pour l'autre monde», un billet de confession laconique, mais en règle : «Je déclare que j'ai été appelé pour confesser M. de Voltaire, que j'ai trouvé hors d'état d'être entendu et sans connaissance. Ce 30 mai 1778.» Voltaire mourut en effet le soir même . On embauma son corps, et on l'emporta, mais pas à Ferney! A Scellières, chez l'abbé Mignot, dans le diocèse de Troyes! Où on l'enterra le 2 juin, juste avant qu'une lettre de l'évêque de Troyes ne l'interdise.

Grand moment dans l'histoire des mentalités : le 30 mars 1778, Voltaire est couronné à une représentation d'*Irène*, sa dernière tragédie (à droite). Jean Huber dessine ce même jour «l'homme immortel» (ci-dessus). L'abbé Mignot (1725-1791), neveu de Voltaire (à gauche). «Cet être indéfinissable qui n'est ni ecclésiastique ni séculier, en un mot ce que l'on appelle un abbé...» (*Lettres philosophiques, V*).

OEDIPE
1718
ALZIRE
MAHOMET
ORESTE
1750
OLIMPIE
IRENE
1778

«Voltaire avait joué son dernier mauvais tour aux prêtres. Après leur avoir escroqué une communion en 1768, une autre en 1769, une absolution le 2 mars 1778, il obtenait le 2 juin des obsèques religieuses qui ne furent pas sans solennité» (René Pomeau). Des extrémistes songèrent à une exhumation, qu'on se garda de leur accorder. On se vengea en lui refusant une messe à l'Académie française, réclamée par... d'Alembert, et en déplaçant le pauvre desservant de Scellières!

Somme toute, Voltaire s'était mieux tiré des griffes du clergé parisien que de celles de Frédéric II à Francfort. Son ami Frédéric se révélait mauvais prophète, qui prédisait que Voltaire les déshonorerait tous, par panique, à l'article de la mort, le dernier de son inépuisable dictionnaire philosophique.

A défaut de l'immortalité de l'âme, dont il ne s'était jamais vraiment persuadé, d'autres apothéoses l'attendaient, et bien des reniements. Sa vie posthume se devait de rivaliser avec son existence agitée. On ne se débarrasse pas d'un Voltaire avec un diabète, une strangurie, et un billet de confession.

Au grand homme, la patrie reconnaissante

Où va-t-il, ce 11 juillet 1791, l'immense cortège où l'on a placé vainqueurs et démolisseurs de la Bastille, et des étudiants costumés à l'antique, et des académiciens lustrés pas forcément illustres, et des gens de lettres rêveurs, pas forcément envieux, et des agents de l'Etat qui ne savent plus trop s'ils servent le roi ramené de Varennes ou l'Assemblée nationale? Il va vers une église des Lumières reconvertie en temple des grands hommes. Ces cendres légères,

Ce buste de Voltaire par Cadet de Beaupré ne divisa pas Paris comme la statue de Voltaire nu, à l'antique, par Pigalle, vers 1770, commandée et payée par les seuls gens de lettres (dont Frédéric II). Le tombeau de Voltaire à Ferney (à droite) n'attira pas les mêmes pèlerinages que la tombe de Rousseau. Mais les deux hommes sont réconciliés dans cette allégorie sur la fête de l'Etre suprême du 7 mai 1794 (en bas).

douze chevaux blancs, fiers comme un alexandrin, les tirent dans Paris. Les beaux hôtels du quai Voltaire ont, paraît-il, un peu boudé. Et une femme du peuple a grommelé : «Ça ne donne pas du pain.» N'ont-ils donc pas lu, les sceptiques, et Marat qui grince aussi, les belles inscriptions sur le catafalque? « Il combattit les athées et les fanatiques. Il inspira la tolérance, Il réclama les droits de l'homme contre la servitude de la féodalité.» Et de l'autre côté : «Poète, Historien, Philosophe, Il agrandit l'esprit humain, et lui apprit qu'il doit être libre.» Et à l'arrière : «Il défendit Calas, La Barre et Montbailly.»

Voltaire au Panthéon (pages suivantes) : « Son cercueil fut porté de Romilly à Paris où il fut placé sur les ruines de la Bastille pour que son triomphe commençât là où il avait été emprisonné. Puis; le onze juillet, un long cortège [...] porta ses restes à travers les rues de la capitale jusqu'au nouveau monument. A divers intervalles, le long du cortège figuraient des portraits de Désilles, de Rousseau, de Mirabeau et du grand homme lui-même, une maquette de la Bastille, une collection de ses œuvres, une statue du philosophe, enfin l'énorme char portant le sarcophage ».

J. A. Leith, « Les Trois Apothéoses de Voltaire », 1979.

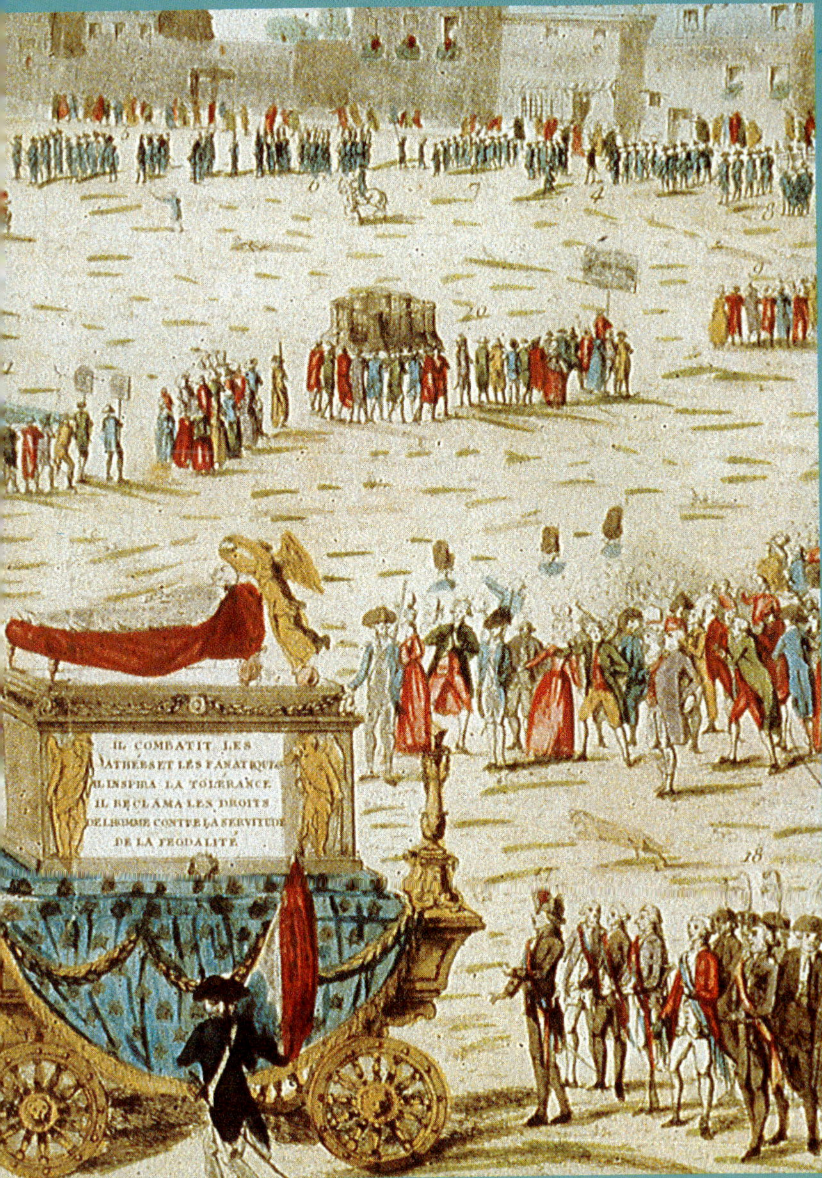
IL COMBATIT LES
ATHÉES ET LES FANATIQUES
IL INSPIRA LA TOLÉRANCE
IL RÉCLAMA LES DROITS
DE L'HOMME CONTRE LA SERVITUDE
DE LA FÉODALITÉ

GRANDS·HOMMES LA·PATRIE RECONNOISSANTE

AUX MANES DE
VOLTAIRE

TÉMOIGNAGES ET DOCUMENTS

Voltaire vu par un rival qui ne manque pas d'esprit

Ce portrait au vitriol est-il du poète et satiriste Piron (1689-1773), auteur de la fameuse « Métromanie » (1738) ? On en discute. Si ce n'est lui, c'est donc son frère, car il avait toutes les raisons de l'écrire, et le talent pour le faire. Peu importe, évidemment. L'essentiel est d'y voir s'inscrire, en formules fatales, la matrice impeccable de tous les portraits à venir de Voltaire, l'homme et l'œuvre réunis.

PORTRAIT DE M. DE VOLTAIRE

Vous me demandez, Monsieur, le portrait de M. de V*** que vous ne connaissez, dites-vous, que par ses ouvrages. C'est déjà beaucoup, selon moi, que de connaître l'auteur ; vous voulez voir l'homme, je vais vous dépeindre l'un et l'autre.

M. de Voltaire est au-dessous de la taille des grands hommes, c'est-à-dire un peu au-dessus de la médiocre (je parle à un naturaliste, ainsi, point de chicane sur l'observation). Il est maigre, d'un tempérament sec. Il a la bile brûlée, le visage décharné, l'air spirituel et caustique, les yeux étincelants et malins. Tout le feu que vous trouverez dans ses ouvrages, il l'a dans son action. Vif jusqu'à l'étourderie : c'est un ardent qui va et vient, qui vous éblouit et qui pétille. Un homme ainsi constitué ne peut pas manquer d'être valétudinaire. La lame use le fourreau. Gai par complexion, sérieux par régime, ouvert sans franchise, politique sans finesse, sociable sans amis, il sait le monde et l'oublie : le matin Aristippe et Diogène le soir, il aime la grandeur et méprise les Grands, est aisé avec eux, contraint avec ses égaux. Il commence par la politesse, continue par la froideur, et finit par le dégoût. Il aime la Cour et s'y ennuie. Sensible sans attachement, voluptueux sans passion, il ne tient à rien par choix, et à tout par inconstance. Raisonnant sans principes, sa raison à des accès, comme la folie des autres. L'esprit droit, le cœur injuste, il pense tout, et se moque de tout. Libertin sans tempérament il sait aussi moraliser sans mœurs. Vain à l'excès, mais encore plus intéressé, il travaille moins pour sa réputation que pour l'argent : il en a faim et soif. Enfin, il se presse de travailler pour se presser de

vivre : il était fait pour jouir, il veut amasser. Voilà l'homme, voici l'auteur.

Né poète, les vers lui coûtent trop peu. Cette facilité lui nuit ; il en abuse, et ne donne presque rien d'achevé. Ecrivain facile, ingénieux, élégant, après la poésie, son métier serait l'histoire, s'il faisait moins de raisonnements et jamais de parallèles, quoiqu'il en fasse quelquefois d'assez heureux.

M. de V***, dans son dernier ouvrage, a voulu suivre la manière de Bayle ; il tâche de le copier en le censurant. On a dit depuis longtemps que pour faire un historien sans passions et sans préjugés, il faudrait qu'il n'eût ni religion ni patrie. Sur ce pied-là, M. de V*** marche à grands pas vers la perfection. On ne peut l'accuser d'être partisan de sa nation ; on lui trouve au contraire un tic approchant de la manie des vieillards. Les bonnes gens vantent toujours le passé, et sont mécontents du présent. M. de V*** est toujours mécontent de son pays, et loue avec excès ce qui est à mille lieues de lui.

Pour la religion, on voit bien qu'il est indécis à cet égard. Sans doute il serait l'homme impartial que l'on cherche, sans un petit levain d'antijansénisme un peu marqué dans ses ouvrages.

M. de V*** a beaucoup de littérature étrangère et française, et de cette érudition mêlée qui est si fort à la mode aujourd'hui. Politique, physicien, géomètre, il est tout ce qu'il veut, mais toujours superficiel et incapable d'approfondir. Il faut pourtant avoir l'esprit bien délié pour effleurer comme lui toute les matières. Il a le goût plus délicat que sûr. Satirique, ingénieux, mauvais critique, il aime les sciences abstraites, et l'on ne s'en étonne point. L'imagination est son élément, mais il n'a point d'invention, et l'on s'en étonne. On lui reproche de n'être jamais dans un milieu raisonnable, tantôt philanthrope et tantôt satirique outré. Pour tout dire en un mot, M. de V*** veut être un homme extraordinaire, et il l'est à coup sûr.

Alexis Piron

Voltaire raconté par une fiche de police

Vers le milieu du siècle, l'inspecteur Joseph d'Hemery, chargé de la Librairie (auteurs, éditeurs, libraires, colporteurs de livres clandestins...) rédigea quelque cinq cents fiches de police sur les auteurs dignes d'attention. Voici celle de Voltaire.

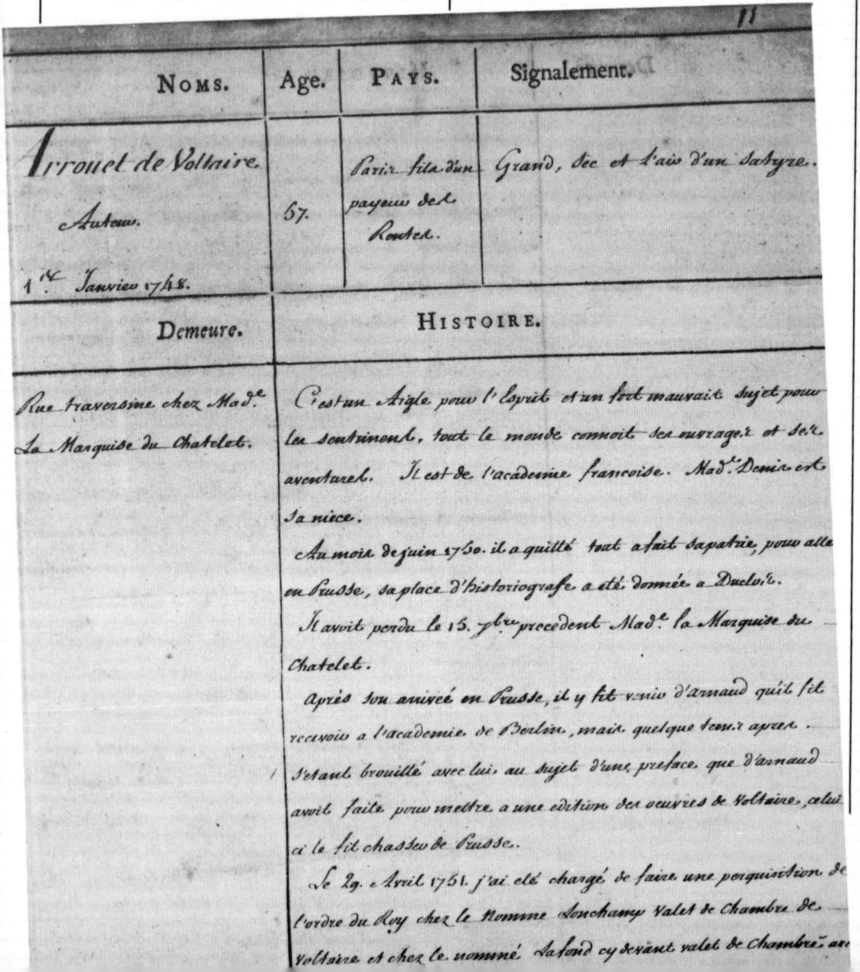

Noms.	Age.	Pays.	Signalement.
Arrouet de Voltaire Auteur. 1er Janvier 1748.	57.	Paris fils d'un payeur des Rentes.	Grand, sec et l'air d'un satyre.

Demeure.	Histoire.
Rue traversine chez Made. La Marquise du Chatelet.	C'est un Aigle pour l'Esprit et un fort mauvais sujet pour les sentiments, tout le monde connoit ses ouvrages et ses aventures. Il est de l'academie francoise. Made. Denis est sa niece. Au mois de juin 1750. il a quitté tout a fait sa patrie, pour aller en Prusse, sa place d'historiografe a été donnée a Duclos. Il avoit perdu le 15. 7bre precedent Made. la Marquise du Chatelet. Après son arrivée en Prusse, il y fit venir d'arnaud qu'il fit recevoir a l'academie de Berlin, mais quelque tems apres s'étant brouillé avec lui, au sujet d'une preface que d'arnaud avoit faite pour mettre a une edition des oeuvres de Voltaire, celui ci le fit chasser de Prusse. Le 29. Avril 1751. j'ai eté chargé de faire une perquisition de l'ordre du Roy chez le Nommé Lonchamp valet de chambre de Voltaire et chez le nommé Lafond cy devant valet de chambre au

NOMS	AGE	PAYS	SIGNALEMENT
Arrouet de Voltaire, auteur 1er janvier 1748	57	Paris fils d'un payeur de Rentes	Grand, sec et l'air d'un satyre

DEMEURE	HISTOIRE
Rue Traversine chez Mme La Marquise du Chatelet.	C'est un aigle pour l'Esprit et un fort mauvais sujet pour les sentiments, tout le monde connoit ses ouvrages et ses aventures. Il est de l'académie francoise. Mad.e Denis est sa niece. Au mois de juin 1750 il a quitté tout a fait sa patrie pour aller en Prusse, sa place d'historiographe a été donnée à Duclos. Il avoit perdu le 15 Sbre precedent Made la marquise du Chatelet. Après son arrivée en Prusse, il y fit venir d'Arnaud qu'il fit recevoir a l'academie de Berlin, mais quelque tems après s'etant brouillé avec lui au sujet d'une preface que d'Arnaud avoit faite pour mettre a une edition des œuvres de Voltaire, celui-ci le fit chasser de Prusse. Le 29 avril 1751 j'ai été chargé de faire une perquisition de l'ordre du Roy chez le nomme Lonchamp valet de chambre de Voltaire et chez le nommé Lafond cy devant valet de chambre avec sa femme de Made du Chatelet, voyés a ce sujet mon rapport. J'ai sçu que le veritable sujet de cette visite etoit pour tacher d'y trouver des lettres que Voltaire avoit ecrites a Made du Chatelet touchant leur amour que cette Dame avoit faite relier en quatre volumes, et que ne les ayant point trouvés après sa mort, on craignoit que la femme de chambre ne les eut prises pour les faire imprimer, ce qui seroit plaisant. Voltaire ayant craint cet accident fit prier M. Dargenson de faire faire cette perquisition sous un autre pretexte. Ce qui n'a cependant pas eu de succès. Le 4 May suivant, le Magistrat m'a dit qu'il sçavoit à coup sur, que lorsque nous fimes la perquisition chez Lonchamp, il y avoit dans son tiroir de son bureau les vers ecrits contre le Roy et Made la Marquise (1) et que Lonchamp s'en etoit vanté, et qu'il avoit meme fait un memoire contre Made Denis et Voltaire au sujet de l'injustice de cette perquisition. Qu'il auroit plaisant si en faisant cette perquisition, que Voltaire faisoit faire, on eut trouvé des vers contre le Roy et Made la Marquise, peutêtre de l'écriture de Voltaire, ou de quelqu'autre qui lui appartient, ce qui auroit decouvert bien des choses. Joseph d'Hemery, *Notes de police sur divers écrivains français du milieu du XVIIIe siècle*

(1) Il s'agit évidemment de la marquise de Pompadour.

Pour vivre libre, devenez riche !

Voltaire, qui a tant écrit, et sur tout, n'est guère prolixe sur ses opérations financières. On ne saurait pourtant trop souligner l'importance de l'argent dans sa carrière d'écrivain, dans son image auprès du public et de la postérité, dans le contraste symbolique qui l'oppose à Rousseau, copiste de musique. Comment, sans son immense fortune (et, bien entendu, sans son prestige et ses relations européennes), aurait-il pu seulement envisager de lancer ses célèbres campagnes contre « l'infâme » et pour l'innocence condamnée ?

« Je crois que je vais être obligé de travailler pour vivre, après avoir vécu pour travailler », déclare Voltaire en 1724. L'antithèse est dramatique, mais ce n'est qu'une antithèse. La mort de son père, en 1722, ne le plonge pas vraiment dans le besoin. Au moment même où il se plaint de ne pouvoir payer son loyer, il parvient à perdre 100 louis au pharaon (l'équivalent de quatre ans de loyer, un louis valant 24 livres).

M. Arouet est mort inquiet. Il imagine son cadet dissipé, écervelé. C'est pourquoi Voltaire n'a droit (jusqu'à trente-cinq ans !) qu'à l'usufruit de son héritage (152 934 livres), soit 4 250 livres ; convenons qu'il n'est pas si facile d'être, sans ridicule, le père d'un génie.

S'y ajoutent 2 000 livres de pension royale, accordée vers 1720-1722, et les revenus aléatoires des gratifications (dédicaces, poèmes de circonstance), des publications et représentations théâtrales (2 100 livres pour *Marianne*, en 1724), plus un petit capital spéculatif personnel. En 1725, la reine, émue, lui accorde 1 500 livres de pension pour compenser ses dépenses de courtisan.

L'argent n'efface pas les coups, mais il contribue à les oublier : Voltaire part pour Londres avec 1 300 francs et une lettre de change de ... 9 000 francs (voire 20 000) payables chez Anthony Mendez Da Costa. Las ! Da Costa, quand Voltaire sonne à sa porte, est en faillite ! Retour secret à Paris en juillet, nouvelle lettre de change de l'ami Dubreuil, son homme d'affaires, pour Médina, autre banquier juif d'origine portugaise. Mais l'Eternel frappe à nouveau, et Médina, quand Voltaire sonne à sa porte, se retrouve en banqueroute. Il est difficile de repousser, au nom de l'humanité, le vilain soupçon que cette étrange fatalité n'est pas dirigée par la seule main du hasard... Voltaire, lui, est toute humanité : « [Da Costa] me dit que ce n'était pas de sa faute, qu'il était malheureux, qu'il n'avait jamais été enfant de Bélial, qu'il avait toujours tâché de vivre en fils de Dieu, c'est-à-dire en honnête homme, en bon Israélite. Il m'attendrit, je l'embrassai, nous louâmes Dieu ensemble et je perdis quatre-vingt pour cent. »

Da Costa, peu rancunier, s'inscrivit parmi les souscripteurs de *la Henriade*, et Voltaire peut passer pour l'un des initiateurs de l'antisémitisme moderne (faut-il préciser qu'il n'en veut pas à leur argent, mais à leur Dieu ? Jésus et Jéovah, même combat. Parlons plutôt d'antijudaïsme).

On met depuis peu en doute la réalité de cette double et savoureuse faillite. Médina ne serait qu'une déformation de Mendez, et Voltaire n'aurait donc eu

C'eſt à ce prix que vous mangez du ſucre en Europe.

à subir, de la part du peuple d'Abraham, qu'une seule banqueroute, celle de Mendez Da Costa. Avouons-le : les progrès de la science se font parfois aux dépens de la poésie et de la gaieté. Resterait à savoir d'où vient l'argent de ces deux lettres de change. En affaires, Voltaire brille par la discrétion.

A son retour en France, il touche ses pensions, récupère devant tribunal des créances de librairie, atteint enfin l'âge d'accéder au capital paternel. Mais ce ne sont là que broutilles, façons de marquer son bon droit. Le temps est venu de prendre son envol.

Associé au mathématicien La Condamine, il tombe, tel le condor, sur l'Eldorado : la loterie Pelletier-Desforts (contrôleur général des Finances), instituée en 1728 pour rembourser des emprunts d'État, les rentes sur l'hôtel de ville de Paris. Avec l'accord des notaires chargés d'écouler les billets (âmes certainement candides et désintéressées), leur société accapare les billets et encaisse donc les lots des tirages mensuels, en principe réservés aux possesseurs de rentes, sans avoir à ruminer de trop savantes martingales.

« Il s'associa à une compagnie nombreuse et fut heureux » (Voltaire, *Commentaire historique*... 1776, parlant de lui-même comme César dans *la Guerre des Gaules*). On ne peut qu'admirer l'éloquence de cet euphémisme laconique. Comme disait Gide, l'art classique, c'est bien la litote. Ils furent « heureux », en effet : en octobre 1729, par exemple, treize personnes se seraient partagées... 1 040 000 livres. Le Conseil d'État, perplexe, fut sollicité d'intervenir. Sans succès ; le règlement de la loterie n'était manifestement pas au point, et cela n'avait échappé ni au mathématicien ni au poète ému par la force d'attraction universelle. La société gagnant entre

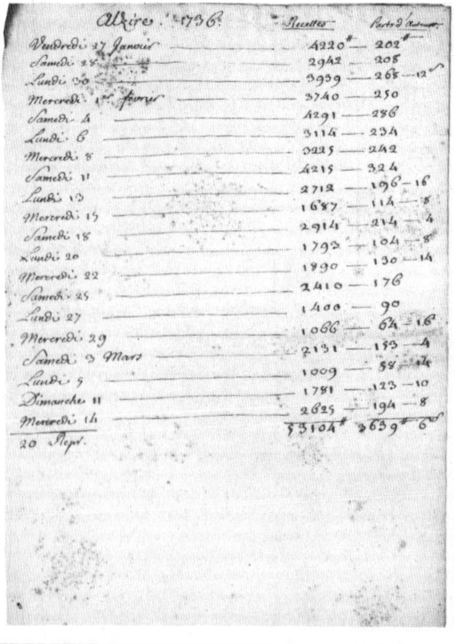

Alzire 1736.

	Recettes	Parts d'auteur
Vendredi 27 janvier	4220#	202#
Samedi 28	2942	208
Lundi 30	3939	268 – 12s
Mercredi 1er février	3740	250
Samedi 4	4291	286
Lundi 6	3114	234
Mercredi 8	3225	242
Samedi 11	4215	324
Lundi 13	2712	196 – 16
Mercredi 15	1687	114 – 8
Samedi 18	2914	214 – 4
Lundi 20	1793	104 – 8
Mercredi 22	1890	130 – 14
Samedi 25	2410	176
Lundi 27	1400	90
Mercredi 29	1066	64 – 16
Samedi 3 Mars	2131	153 – 4
Lundi 5	1009	58 – [illegible]
Dimanche 11	1781	123 – 10
Mercredi 14	2625	194 – 8
	53104#	3639# 6s

20 Repr.

1769 à 1770 Comédie Française

Part d'auteur

La Reprise des Scythes Tragédie de M. de Voltaire

5 R. des 21, 24, 28 fev. 3 et 7 mars 1770.

Total de la R. [illegible] des d. 5 R.	8502	10002
Abonnement des Petites Loges	1500	
Surquoi déduire		
[illegible] des Hopitaux	2500 10	
[illegible] à 300 par R.	1500	
120 [illegible] à 20	120	4120 10
[illegible]		
Reste Net de la Recette		5881 10
Le Neuvième pr le droit de l'auteur		653 10

Je soussigné [illegible] avoir reçu de Messieurs les Comédiens françois Ordinaires du Roy [illegible] la somme de six cents cinquante trois livres dix sols pour mon droit [illegible] ce [illegible] mars 1770.

Dalainval [illegible] Lekain Dugazon Bourret

500 000 et 1 000 000 de livres par mois, Voltaire et La Condamine ont dû, pendant un an, encaisser au bas mot plusieurs millions actuels. Qu'en faire ? Le savetier de La Fontaine y perdait le sommeil, le boire et le chanter : leçon trop simple pour être honnête. C'est Voltaire qui tire la vraie morale : « Pour faire fortune dans ce pays-ci, il n'y a qu'à lire les arrêts du Conseil. Il est rare qu'en fait de finance, le ministère ne soit forcé à faire des arrangements dont les particuliers [ne] profitent. » A condition d'avoir de l'argent et des relations.

Nanti d'un capital à la mesure de son talent (au moins un million de livres, grâce à d'autres spéculations !), Voltaire déploie sans chagrin apparent ses talents d'homme d'affaires. Achats de blé en Barbarie (l'Afrique du Nord) malgré le monopole d'une compagnie officielle, revendu en France ou en Espagne, selon les cours. Commerce international à Cadix (Amérique espagnole, Antilles), ce qui inclut la fructueuse traite des Noirs. Et surtout, grâce à ses relations précoces (au moins depuis 1722) avec les Pâris-Duverney, rois de la Finance, participation aux marchés des « vivres », c'est-à-dire les fournitures aux armées : bénéfices prolifiques, ponctuels et patriotiques. Il semble s'en être retiré en 1750, lors de son installaiton en Prusse. Solde de son compte chez Pâris : 600 000 livres [9 millions de francs 1986], petite pelote philosophique qu'aucun pirate hollandais, contrairement au pauvre Candide, n'eut le cœur de lui dérober.

A Berlin, le cœur lui manque aussi pour résister, malgré son statut d'étranger et de chambellan du roi, à une modeste affaire. Frédéric II remboursait à 100 %, aux seuls citoyens prussiens, des billets émis par une banque saxonne pour financer la guerre de Succession d'Autriche (1741-1748). Comme ils avaient perdu 30 à 35 % de leur valeur, on voit à peu près l'opération. Voltaire charge donc un homme de paille, le Juif Hirschel, de l'aider à adopter ces orphelins de guerre. Puis il y renonce (le cours venait-il de remonter ? a-t-il pris peur ? a-t-il envisagé d'autres spéculations ?).

Pour dédommager Hirschel de sa peine (toujours l'humanité), il lui achète un lot de bijoux, et constate, expertise faite, qu'il s'est fait gruger d'un tiers (« un fripon qui veut tromper un filou », commente Frédéric, en connaisseur). Fureur, rétorsion, procès qui le ridiculise et le déconsidère aux yeux de l'Europe. Frédéric, exaspéré, l'interdit de souper royal pendant le procès !

Il y a aussi, depuis la décennie 1730-1740, les rentes viagères acquises par de grands seigneurs qui s'inquètent de sa santé (le duc de Richelieu, le duc de Villars, chers et vieux amis). Et même, après 1750, deux princes allemands (le duc de Wurtemberg, l'Électeur palatin). D'où le montant vertigineux de ses rentes. Ses premiers clients lui ont remboursé quatre fois le capital ! Le duc de Wurtemberg, contre 542 000 livres, lui en a déboursé 1 117 000, sans compter les reversions sur les héritiers.

Jusqu'à son départ de Prusse, donc, la fortune de Voltaire est exclusivement mobilière et spéculative : il n'a rien investi dans la terre, contrairement au modèle aristocratique. Il ne cherche pas à amasser pour conserver et transmettre à ses héritiers. C'est à plus de soixante ans qu'il se décide à acheter Les Délices, à Genève, puis Ferney, dans le Jura, destiné à passer dans la légende de l'humanité.

Jean Goldzink

Correspondances : le roi de la république des lettres

Aucune correspondance n'égale sans doute celle de Voltaire, et rien, peut-être, dans son œuvre, n'égale vraiment sa correspondance, plus de quinze mille lettres conservées. Le plaisir épistolaire appelle, du lecteur, l'art sautillant du grapillage, le goût des détails fugaces, des silhouettes évanescentes, des futilités quotidiennes dont se trame toute vie.

La lettre de Voltaire à Rousseau, après réception du «Discours sur l'origine de l'inégalité», est justement célèbre. Mais on cite rarement la réponse de Rousseau, si typique de sa manière, si peu voltairienne. Encore plus typique, la déclaration de haine du 17 juin 1760, qui déclenche la fureur de Voltaire et tous les coups bas.

VOLTAIRE A JEAN JACQUES ROUSSEAU

Aux Délices près de Genève
(30 août 1755)

J'ay reçu, Monsieur, votre nouveau livre contre le genre humain ; je vous en remercie ; vous plairez aux hommes à qui vous dites leurs véritez, et vous ne les corrigerez pas. Vous peignez avec des couleurs bien vrayes les horreurs de la société humaine dont l'ignorance et la faiblesse se promettent tant de douceurs. On n'a jamais tant employé d'esprit à vouloir nous rendre Bêtes.

Il prend envie de marcher à quatre pattes quand on lit votre ouvrage. Cependant comme il y a plus de

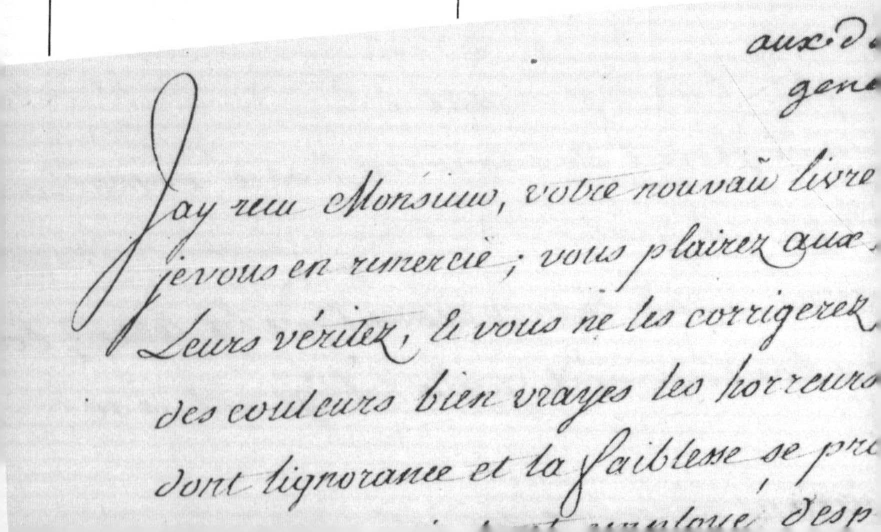
aux D
gene
Jay reçu Monsieur, votre nouveau livre
je vous en remercie ; vous plairez aux
Leurs véritez, et vous ne les corrigerez
des couleurs bien vrayes les horreurs
dont lignorance et la faiblesse se pro

soixante ans que j'en ay perdu l'habitude, je sens malheureusement qu'il m'est impossible de la reprendre. Et je laisse cette allure naturelle à ceux qui en sont plus dignes, que vous et moy. Je ne peux non plus m'embarquer pour aller trouver les sauvages du Canada, premièrement par ce que les maladies au quelles je suis condamné me rendent un médecin d'Europe nécessaire, secondement par ce que la guerre est portée dans ce pays là, et que les exemples de nos nations ont Rendu les sauvages presque aussi méchants que nous. Je me borne à être un sauvage paisible dans La solitude que j'ay choisie au près de votre patrie où vous devriez être.

J'avoue avec vous que les belles lettres, et les sciences ont causé quelque fois baucoup de mal.

Les ennemis du Tasse firent de sa vie un tissu de malheurs, ceux de Galilée le firent gémir dans les prisons à soixante et dix ans pour avoir connu le

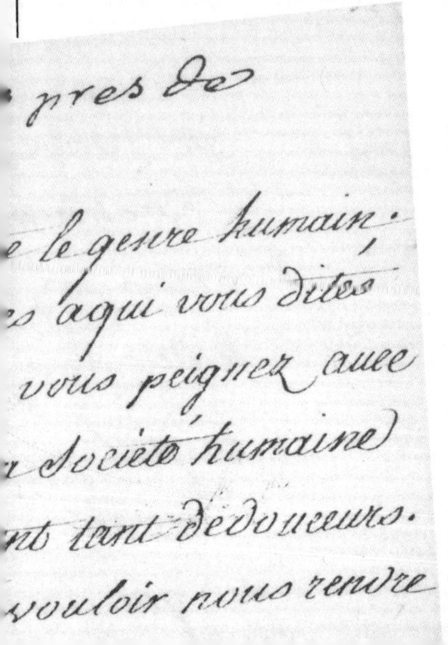

mouvement de la terre, et ce qu'il y a de plus honteux c'est qu'ils l'obligèrent à se Rétracter.

Dès que nos amis eurent commencé le dictionnaire enciclopédique, ceux qui osaient être leurs rivaux les traitèrent de déistes, d'athées et mêmes de jansenistes. Si j'osais me compter parmy ceux dont les travaux n'ont eu que la persécution pour récompense, je vous ferais voir une trouppe de misérables acharnez à me perdre du jour que je donnay La tragédie d'Œpide, une bibliothèque de calomnies ridicules imprimées contre moy, un prêtre exjésuite que j'avais sauvé du dernier supplice me payant par des Libelles diffamatoires du service que je luy avais rendu ; un homme plus coupable encore faisant imprimer mon propre ouvrage du siècle de Loüis 14 avec des notes où La plus crasse ignorance débite les impostures les plus effrontées, un autre qui vend à un libraire une prétendüe histoire universelle sous mon nom, et le libraire assez avide, et assez sot, pour imprimer ce tissu informe de bévues, de fausses dattes, de faits, et de noms estropiez ; et en fin des hommes assez lâches et assez Méchants pour m'imputer cette rapsodie. Je vous ferais voir la société infectée de ce nouvau genre d'hommes inconnu à toutte l'antiquité qui ne pouvant embrasser une profession honnête soit de laquais, soit de manœuvre, et sachant malheureusement lire et écrire se font courtiers de la Littérature, volent des manuscrits, les défigurent et les vendent. Je pourais me plaindre qu'une plaisanterie faitte il y a plus de trente ans, sur le même sujet que Chapelain eût la bétise de traiter sérieusement, court aujourd'huy le monde par L'infidélité et L'infâme avarice de ces malheureux qui L'ont défigurée avec autant de sottise que de malice, et qui au bout de trente ans, vendent par tout cet ouvrage le quel certainement n'est plus le mien, et qui est devenu le leur ; j'ajouterais qu'en dernier lieu on a osé fouiller dans les archives les plus respectables et y voler une partie des mémoires que j'y avais mis en dépôt, Lorsque j'étais historiografe de France, et qu'on a vendu à un libraire de Paris le fruit de mes travaux. Je vous peindrais l'ingratitude, L'imposture, et la Rapine, me poursuivant jusqu'aux pieds des Alpes, et jusques au bord de mon Tombeau.

Mais, Monsieur, avouez aussi que ces épines attachées à la Littérature et à la réputation ne sont que des fleurs en comparaison des autres maux qui de tout temps ont inondé la terre. Avouez que ny Ciceron, ni Lucrece, ny Virgile, ny Horace ne furent les auteurs de proscriptions de Marius, de Silla, de ce débauché d'Antoine, de cet imbécille Lepide, de ce tiran sans courage Octave Cépias surnommé si lâchement Auguste.

Avouez que le badinage de Marot n'a pas produit La St Barthelemi, et que la tragédie du Cid ne causa pas les guerres de la Fronde. Les grands crimes n'ont été commis que par de célèbres ignorants. Ce qui fait et ce qui fera toujours de ce monde une vallée de larmes c'est L'insatiable cupidité et l'indomptable orgueil des hommes depuis Thamas Couli Can, qui ne savait pas lire, jusqu'à un commis de la douane qui ne sait que chifrer. Les lettres nourissent l'âme, La rectifient, la consolent ; et elles font même votre gloire dans le temps que vous écrivez contre elles. Vous êtes comme Achille qui s'emporte contre La gloire, et comme le père Malle Branche dont L'imagination Brillante écrivait contre L'imagination.

Monsieur Chapui m'aprend que votre santé est bien mauvaise. Il faudrait la venir rétablir dans l'air natal, jouir de la liberté, boire avec moy du lait de nos vaches, et brouter nos herbes. Je suis très philosofiquement, et avec la plus tendre estime.

Monsieur,

Votre très humble et très obéissant serviteur.

Voltaire

ROUSSEAU A FRANÇOIS-MARIE AROUET DE VOLTAIRE

A Paris, le 7e 7bre 1755

C'est à moi, Monsieur, de vous remercier à tous égards. En vous offrant l'ébauche de mes tristes réveries, je n'ai point cru vous faire un présent digne de vous, mais m'acquiter d'un devoir et vous rendre un hommage que nous vous devons tous comme à nôtre Chef. Sensible d'ailleurs à l'honneur que vous faites à ma patrie, je partage la reconnoissance de mes Concitoyens, et j'espére qu'elle ne fera qu'augmenter encore lorsqu'ils auront profité des instructions que vous pouvez leur donner. Eclairez un peuple digne de vos leçons, et vous qui savez si bien peindre les vertus et la liberté, aprenez nous à les cherir dans nos murs comme dans vos Ecrits ; tout ce qui vous approche doit apprendre de vous le chemin de la gloire et de l'immortalité.

Vous voyez que je n'aspire pas à nous rétablir dans nôtre bétise, quoique je regrette fort pour ma part le peu que j'en ai perdu. A vôtre égard, Monsieur, ce retour seroit un miracle si grand qu'il n'appartient qu'à Dieu de le faire, et si pernicieux qu'il n'appartient qu'au

Diable de le vouloir. Ne tentez donc pas de retomber à quatre pattes, personne au monde n'y réussiroit moins que vous : Vous nous redressez trop bien sur nos deux pieds pour cesser de vous tenir sur les vôtres.

Je conviens de toutes les disgrâces qui poursuivent les hommes célébres dans la Litterature. Je conviens même de tous les maux attachés à l'humanité, qui paroissent indépendans de nos vaines connoissances. Les hommes ont ouvert sur eux mêmes tant de sources de miséres que quand le hazard en détourne quelcune, ils n'en sont guéres plus heureux. D'ailleurs, il y a dans le progrés des choses, des liaisons cachées que le vulgaire n'apperçoit pas, mais qui n'échapperont point à l'œil du Philosophe, quand il y voudra réfléchir. Ce n'est ni Cicéron, ni Virgile, ni Seneque, ni Tacite qui ont produit les crimes des Romains et les malheurs de Rome. Mais sans le poison lent et secret qui corrompoit insensiblement le plus vigoureux gouvernement dont l'histoire fasse mention, Ciceron, ni Lucrèce, ni Salluste, ni tous les autres n'eussent point existé ou n'eussent point écrit. Le siécle aimable de Lelius et de Terence amenoit de loin le siécle brillant d'Auguste et d'Horace, et enfin les siécles horribles de Seneque et de Neron, de Tacite et de Domitien. Le goût des sciences et des arts nait chez un peuple d'un vice intérieur qu'il augmente bientôt à son tour, et s'il est vrai que tous les progrés humains sont pernicieux à l'espéce, ceux de l'esprit et des conoissances, qui augmentent nôtre orgueil et multiplient nos égaremens, accélérent bientôt nos malheurs : Mais il vient un tems où le mal est tel que les causes mêmes qui l'on fait naitre sont necessaires pour l'empêcher d'augmenter : C'est le fer qu'il faut laisser dans la playe, de peur que le blessé n'expire en l'arrachant. Quant à moi, si j'avois suivi ma prémiére vocation et que je n'eusse ni lu ni écrit, j'en aurois, sans doute été plus heureux. Cependant si les Lettres étoient maintenant aneanties, je serois privé de l'unique plaisir qui me reste : C'est dans leur sein que je me console de tous mes maux : C'est parmi leurs illustres enfans que je goute les douceurs de l'amitié, que j'apprends à jouïr de la vie et à mépriser la mort ; Je leur dois le peu que je suis, je leur dois même l'honneur d'être connu de vous : Mais consultons l'intérest dans nos affaires et la vérité dans nos Ecrits : Quoi qu'il faille des Historiens, des Philosophes et de vrais savans pour éclairer le monde et conduire ses aveugles habitans, si le sage Memnon m'a dit vrai, je ne connois rien de si fou qu'un peuple de sages.

Convenez en, Monsieur ; s'il est bon que de Grands Génies instruisent les hommes, il faut que le vulgaire reçoive leurs instructions ; si chacun se mêle d'en donner, où seront ceux qui les voudront recevoir ? Les boiteux, dit Montagne, sont mal propres aux exercices du corps, et aux exercices de l'esprit les âmes boiteuses. Mais en ce siécle savant on ne voit que boiteux vouloir apprendre à marcher aux Autres. le Peuple reçoit les écrits des sages pour juger et non pour s'intruire. Jamais on ne vit tant de Dandins. Le Théâtre en fourmille, les Caffés retentissent de leurs arrêts, les quais regorgent de leurs Ecrits, et j'entens critiquer l'Orphelin, parce qu'on l'applaudit, à tel Grimaud si peu capable d'en voir les défauts qu'à peine en sent-il les beautés.

Recherchons la prémière source de tous les désordres de la société : Nous trouverons que tous les maux des hommes leur viennent de l'erreur bien plus que de l'ignorance, et que ce que nous ne savons point nous nuit beaucoup moins que ce que nous croyons savoir. Or quel plus sûr moyen de courrir d'erreurs en erreurs que la fureur de savoir tout ? Si l'on n'eût prétendu savoir que la terre ne tournoit pas, on n'eût point puni Galilée pour avoir dit qu'elle tournoit ; si les seuls Philosophes en eussent réclamé le titre, l'Encyclopédie n'eût point été persécutée. Si cent Mirmidons n'aspiroient à la gloire, vous jouiriez paisiblement de la vôtre, ou vous n'auriez au moins que des adversaires dignes de vous.

Ne soyez donc pas surpris de sentir quelques épines inséparables des fleurs qui couronnent les grands talens. Les injures de vos ennemis sont le cortège de vôtre gloire comme les acclamations satyriques étoient celui des triomphateurs. C'est l'empressement que le public a pour tous vos Ouvrages qui produit les vols dont vous vous plaignez : Mais les falsifications n'y sont pas faciles, car le fer ni le plomb ne s'allient point avec l'or. Permettez moi, Monsieur, de vous le dire par l'intérest que je prends à vôtre repos et à nôtre instruction : Méprisez de vaines Clameurs par lesquelles on cherche moins à vous faire du mal qu'à vous détourner de bien faire. Plus on vous critiquera, plus vous devez vous faire admirer ; un bon livre est une terrible réponse à des injures imprimées, et qui vous oseroit attribuer des écrits que vous n'avez point faits, tant que vous continuerez à n'en faire que d'inimitables ?

Je suis sensible à vôtre invitation, et si cet hiver me laisse en état d'aller au printems habiter ma patrie j'y profiterai de vos bontés, mais j'aimerois mieux encore boire de l'eau de vôtre fontaine que du lait de vos Vaches, et quant aux herbes de vôtre verger, je crains bien de n'y en trouver guéres d'autres que le Lotos qui convient mal aux bêtes, et le Moly qui empêche les hommes de le devenir.

Je suis de tout mon cœur et avec respect, Monsieur, Vôtre très humble et très obéissant serviteur.

J-J Rousseau

Tous les échanges de Voltaire et Frédéric ne donnent pas, on s'en doute, dans un ton aussi magistralement aigre-doux que ces deux lettres faites pour hérisser le destinataire. Mais elles donnent bien la mesure de deux personnages hors du commun.

VOLTAIRE A FREDERIC II

19 mai 1759

Sire,

Vous êtes aussi bon frère que bon général, mais il n'est pas possible que Tronchin aille à Schwet auprès du prince votre frère. Il y a sept ou huit personnes de Paris, étant abandonnées des médecins, qui se sont fait transporter à Genève ou dans le voisinage, et qui croyent ne respirer qu'autant que Tronchin ne les quitte pas. Votre majesté pense bien que parmy ces personnes je ne compte point ma pauvre nièce qui languit depuis six ans. D'ailleurs Tronchin gouverne la santé des enfans de France et envoye de Geneve ses avis deux fois par semaine. Il ne peut s'écarter. Il prétend que la maladie de Mg le prince Ferdinand sera longue. Il conviendrait peutêtre que le malade entreprit le voiage qui contribuerait encor à sa santé en le faisant passer d'un climat assez froid dans un air plus tempéré. S'il ne peut prendre ce party, celuy de faire instruire Tronchin touttes les semaines de son état, est le plus avantageux.

Comment avez vous pu imaginer que je pusse jamais laisser prendre une copie de votre écrit adressé à M. le prince de Brunswik ? Il y a certainement de très belles choses, mais elles ne sont pas faittes pour être montrées à ma nation. Elle n'en serait pas flattée, le roy de France le serait encore moins et je vous respecte trop l'un et l'autre pour jamais laisser transpirer ce qui ne servirait qu'à vous rendre irréconciliables. Je n'ay jamais fait de vœux que pour la paix. J'ay

Cette savoureuse caricature de Frédéric dit bien l'essentiel : avant la philosophie, le sabre.

encor une grande partie de la correspondance de mad^e la markgrave de Bareith avec le cardinal de Tencin pour tâcher de procurer un bien si nécessaire à une grande partie de l'Europe ; j'ay été le dépositaire de touttes les tentatives faittes pour parvenir à un but si désirable. Je n'en ay pas abusé, et je n'abuserai pas de votre confiance au sujet d'un écrit qui tendrait à un but absolument contraire. Soyez dans un parfait repos sur cet article. Ma malheureuse nièce que cet écrit a fait trembler, l'a brûlé, et il n'en reste de vestige que dans ma mémoire qui en a retenu trois strophes trop belles.

Je tombe des nues quand vous m'écrivez que je vous ay dit des duretez. Vous avez été mon idole pendant vingt années de suitte. Je l'ay dit à la terre, au ciel, à Gusman même. Mais votre métier de héros et votre place de roy ne rendent pas le cœur bien sensible. C'est dommage, car ce cœur était fait pour être humain et sans l'héroïsme et le trône vous auriez été le plus aimable des hommes dans la société.

En voylà trop si vous êtes en présence de l'ennemi et trop peu si vous étiez avec vous même dans le sein de la philosophie qui vaut encor mieux que la gloire.

Comptez que je suis toujours assez sot pour vous aimer autant que je suis assez juste pour vous admirer. Reconnaissez la franchise et recevez avec bonté le profond respect du Suisse.

FREDERIC II A VOLTAIRE

A Reich-Hennersdorf, le 10 juin 1759

Apprenez qu'à moins que celui que vous savez ne revienne sur terre faire des miracles, mon frère n'ira chercher personne. Il est encore, dieu merci, assez grand seigneur pour faire venir et payer des médecins suisses ; et vous savez que les frédérics, en plus grande quantité que les louis, l'emportent sur eux chez les médecins, les poètes, et quelquefois même chez les philosophes qui, occupés de vaines spéculations, ne font guère réflexion sur la partie morale de leur science. Votre nièce a fait éclater le faste de son zèle en faveur de sa nation, elle m'a brûlé comme je vous ai fait brûler à Berlin, et comme vous l'avez été en France. Vos Français extravaguent tous, quand il est question de la prééminence de leur royame, ils sont charmés de vous lâcher un roi mon maître, d'affecter les travers de vieux ambassadeurs hors de mode, et de prendre fait et cause pour des rois qui ne leur font pas l'honneur de daigner les connaître ; en vérité, c'est dommage que votre nièce n'ait pas épousé M. Prior, cela aurait fait une belle race de politiques. Pour moi, je ne ménage aucun de ceux qui me font enrager, je les mords le mieux que je puis. Nous allons nous battre selon toute apparence en peu de jours, et pour peu que la fortune me seconde, les subdélégués de leurs majestés impériales et l'homme à la toque bénite, seront bien étrillés ; après cela, quelle consolation de se moquer d'eux ! Pour vous, qui ne vous battrez point, pour dieu, ne vous moquez de personne ; soyez tranquille et heureux, puisque vous n'avez point de persécuteurs, et sachez jouir sans inquiétude d'une tranquillité que vous avez obtenue après avoir couru soixante ans pour l'attraper. Adieu, je vous souhaite paix et salut. Ainsi soit-il.

FEDERIC

P.S. Mais êtes vous sage à soixante et dix ans ? Apprenez à votre âge de quel style il convient de m'écrire. Comprenez qu'il y a des libertés permises et des impertinences intolérables aux gens de lettres et aux beaux esprits. Devenez enfin philosophe, c'est-à-dire raisonnable. Puisse le ciel, qui vous a donné tant d'esprit, vous donner du jugement à proportion ! Si cela pouvait arriver, vous seriez le premier homme du siècle, et peut-être le premier que le monde ait porté : c'est ce que je vous souhaite. Ainsi soit-il.

Voici plus curieux encore : en quelque sorte de « fausses-vraies » lettres de Voltaire à sa nièce, écrites ou réécrites après Berlin, pour raconter son étrange équipée. Elles figuraient, à la mort de Voltaire, dans un recueil séparé, mais les éditeurs de Kehl (supervisés par Beaumarchais) les insérèrent, dispersées, dans la Correspondance générale. Quelle virtuosité dans ces « Regrets » à la Voltaire, dans ces « Tristes » assez gais d'un Ovide français exilé chez les Vandales.

VOLTAIRE A MME DENIS

A Berlin, 2 septembre 1751

J'ai encore le temps, ma chère enfant, de vous envoyer un nouveau paquet. Vous y trouverez une lettre de La Mettrie pour M. le maréchal de Richelieu. Il implore sa protection. Tout lecteur qu'il est du roi de Prusse, il brûle de retourner en France. Cet homme si gai, et qui passe pour rire de tout, pleure quelquefois comme un enfant d'être ici. Il me conjure d'engager M. le maréchal de Richelieu à lui obtenir sa grâce. En vérité, il ne faut jurer de rien sur l'apparence. La Mettrie, dans ses préfaces, vante son extrême félicité d'être auprès d'un grand roi qui lui lit quelquefois ses vers, et en secret il pleure avec moi, et il voudrait s'en retourner à pied.

Mais moi, mais moi... pourquoi suis-je ici ? Je vais bien vous étonner. Ce La Mettrie est un homme sans conséquence, qui cause familièrement avec le roi après la lecture ; il me parle avec confiance. Il m'a juré qu'en parlant au roi, ces jours passés, de ma prétendue faveur, et de la petite jalousie qu'elle excite, le roi lui avait répondu : *J'aurai besoin de lui encore un an tout au plus : on presse l'orange et on jette l'écorce*. Je me suis fait répéter ces douces paroles : j'ai redoublé mes interrogations : il a redoublé ses serments. Le croiriez-vous ? dois-je le croire ? cela est-il possible ? Quoi, après seize ans de bontés, d'offres, de promesses, après la lettre qu'il a voulu que vous gardassiez comme un gage inviolable de sa parole ! et dans quel temps encore, s'il vous plaît ? dans le temps que je lui sacrifie tout pour le servir, que non seulement je corrige ses ouvrages, mais que je lui fais à la marge une rhétorique et une poétique suivie, composée de toutes les réflexions que je fais sur les propriétés de notre langue, à l'occasion des petites fautes que je peux remarquer, ne cherchant qu'à aider son génie, qu'à l'éclairer, et qu'à le mettre en état de se passer en effet de mes soins ! Je me faisais assurément un plaisir et une gloire de cultiver son génie. Tout servait à mon illusion. Un roi qui a gagné des batailles et des provinces, un roi du Nord qui fait des vers en notre langue, un roi enfin que je n'avais pas cherché, et qui me disait qu'il m'aimait ! Pourquoi m'aurait-il fait tant d'avances ? Je m'y perds, je n'y conçois rien. J'ai fait ce que j'ai pu pour ne point croire La Mettrie.

Je ne sais pourtant. En relisant ses vers, je suis tombé sur une épître à un peintre nommé Pesne, qui est à lui. En voici les premiers vers :

> Quel spectacle étonnant vient de [frapper mes yeux !
> Cher Pesne, ton pinceau te place au [rang des dieux.

Ce Pesne est un homme qu'il ne regarde pas. Cependant c'est le cher Pesne, c'est un dieu. Il pourrait bien en être autant de moi ; c'est-à-dire pas grand-chose. Peut-être que, dans tout ce qu'il écrit, son esprit seul le conduit, et le cœur est bien loin. Peut-être que toutes ces lettres où il me prodiguait des bontés si vives et si touchantes, ne voulaient rien dire du tout. Voilà de terribles armes que je vous donne contre moi. Je serai bien condamné d'avoir succombé à tant de caresses. Vous me prendrez pour M. Jourdain, qui disait : « Puis-je rien refuser à un seigneur de la cour qui m'appelle son cher ami ? Mais je vous répondrai : C'est un roi aimable. Vous imaginez bien quelles réflexions, quel retour, quel embarras, et pour tout dire, quel chagrin l'aveu de La Mettrie fait naître. Vous m'allez dire : partez ! Mais moi, je ne peux pas dire : partons. Quand on a commencé quelque chose, il faut le finir, et j'ai deux éditions sur les bras, et des engagements pris pour quelques mois. Je suis en presse de tous les côtés. Que faire ? Ignorer que La Mettrie m'ait parlé, ne me confier qu'à vous, tout oublier et attendre. Vous serez sûrement ma consolation. Je ne dirai point de vous : Elle m'a trompé en me jurant qu'elle m'aimait. Quand vous seriez reine, vous seriez sincère. Mandez-moi, je vous en prie, fort au long tout ce que vous pensez, par le premier courrier qu'on dépêchera à milord Tirconnel.

Hamlet revisité, ou le monologue dédoublé

Voltaire, dans les « Lettres philosophiques » se loue d'avoir, le premier, traduit des dramaturges anglais. L'érudition vient de lui trouver un obscur précédent. Peu importe : il a bien révélé Shakespeare à l'Europe. Il s'y est même pris à deux fois pour traduire le monologue d'Hamlet. Traduire ? En 1734, il le « transpose » dans toutes les règles classiques de l'art français : harmonie de la composition (12 + 12), clarté de l'expression, modernisation des idées, dramatisation des enjeux. Un quart de siècle après, il le traduit. Nullement par respect, mais pour prouver l'infériorité du goût anglais !

Demeure, il faut choisir, et passer à l'instant
De la vie à la mort, et de l'être au néant.
Dieux justes, s'il en est, éclairez mon courage.
Faut-il vieillir courbé sous la main qui m'outrage,
Supporter ou finir mon malheur et mon sort ?
Qui suis-je ? qui m'arrête ? et qu'est-ce que la mort ?
C'est la fin de nos maux, c'est mon unique asile ;
Après de longs transports, c'est un sommeil tranquille.
On s'endort, et tout meurt. Mais un affreux réveil
Doit succéder peut-être aux douceurs du sommeil.

Ophelia

On nous menace, on dit que cette
[courte vie
De tourments éternels est aussitôt
[suivie.
O mort ! moment fatal ! Affreuse
[éternité !
Tout cœur à ton seul nom se glace
[épouvanté.
Eh ! qui pourrait, sans toi, supporter
[cette vie ;
De nos fourbes puissants bénir
[l'hypocrisie ;
D'une indigne maîtresse encenser les
[erreurs ;
Ramper sous un ministre, adorer ses
[hauteurs ;
Et montrer les langueurs de son âme
[abattue
A des amis ingrats, qui détournent la
[vue ?
La mort serait trop douce en ces
[extrémités ;
Mais le scrupule parle, et nous crie :
[Arrêtez.
Il défend à nos mains cet heureux
[homicide,
Et d'un héros guerrier fait un chrétien
[timide, etc.

Après ce morceau de poésie, les lecteurs sont priés de jeter les yeux sur la traduction littérale :

Être ou n'être pas. C'est là la question,
S'il est plus noble dans l'esprit de
[souffrir
Les piqûres et les flèches de l'affreuse
[fortune,
Ou de prendre les armes contre une
[mer de trouble,
Et en s'opposant à eux, les finir ?
[Mourir, dormir,
Rien de plus : et par ce sommeil, dire :
[Nous terminons
Les peines du cœur, et dix mille chocs
[naturels
Dont la chair est héritière ; c'est une
[consommation
Ardemment désirable. Mourir,
[dormir :
Dormir ! peut-être rêver ! Ah ! voilà le
[mal.
Car, dans ce sommeil de la mort, quels
[rêves aura-t-on,
Quand on a dépouillé cette enveloppe
[mortelle ?
C'est là ce qui fait penser : c'est là la
[raison
Qui donne à la calamité une vie si
[longue.
Car qui voudrait supporter les coups, et
[les injures du temps.
Les torts de l'oppresseur, les dédains de
[l'orgueilleux,
Les angoisses d'un amour méprisé, les
[délais de la justice.
L'insolence des grandes places et les
[rebuts
Que le mérite patient essuie de
[l'homme indigne ?
Quand il peut faire son *quietus*
Avec une simple aiguille à tête ! Qui
[voudrait porter ces fardeaux
Sangloter, suer sous une fatigante vie ?
Mais cette crainte de quelque chose
[après la mort,
Ce pays ignoré, des bornes duquel
Nul voyageur ne revient, embarrasse la
[volonté.
Et nous fait supporter les maux que
[nous avons
Plutôt que de courir vers d'autres que
[nous ne connaissons pas.
Ainsi la conscience fait des poltrons de
[nous tous ;
Ainsi la couleur naturelle de la
[résolution
Est ternie par les pâles teintes de la
[pensée ;
Et les entreprises les plus importantes,
Par ce respect, tournent leur courant de
[travers.
Et perdent leur nom d'action...

Ni pieux ni prêtres, et les hommes sont frères

Imaginons un instant, sans frémir, que Voltaire fût mort de joie, en 1759, à 65 ans en achetant Ferney ! Il aurait rédigé « Candide », mais n'aurait pas eu l'idée ni le temps de se mettre à écraser « l'infâme ». Son nom ne serait pas attaché, pour toujours, à l'histoire des religions. La France ne serait pas tout à fait ce qu'elle est. Mais Voltaire n'est pas un négateur du sentiment religieux ; il n'est nullement un athée : le plus fervent, le plus brillant anticlérical que le monde ait connu. A ceux qui méprisent l'anticléricalisme, tout en adorant le libéralisme ou l'État, le regain des intégrismes peut servir d'amère leçon. Voltaire, ou le droit à l'irrespect.

L'article « Convulsions », consacré aux effervescences jansénistes (d'abord populaires et féminines) sur la tombe du diacre Pâris, mort en 1727 et non pas en 1724, est sans doute l'une des meilleures réussites de Voltaire, rythmée comme en se jouant.

CONVULSIONS

On dansa, vers l'an 1724, sur le cimetière de Saint-Médard ; il s'y fit beaucoup de miracles : en voici un, rapporté dans une chanson de Mme la duchesse du Maine :

Un décrotteur à la royale.
Du talon gauche estropié,
Obtint pour grâce spéciale
D'être boiteux de l'autre pied.

Les convulsions miraculeuses, comme on sait, continuèrent jusqu'à ce qu'on eût mis une garde au cimetière.

De par le roi, défense à Dieu
De faire miracle en ce lieu

Les jésuites, comme on le sait encore, ne pouvant plus faire de tels miracles depuis que leur Xavier avait épuisé les grâces de la Compagnie à ressusciter neuf morts de compte fait, s'avisèrent, pour balancer le crédit des jansénistes, de faire graver une estampe de Jésus-Christ habillé en jésuite. Un plaisant du parti janséniste, comme on le sait encore, mit au bas de l'estampe :

Admirez l'artifice extrême
De ces moines ingénieux ;
Ils vous ont habillé comme eux,
Mon Dieu, de peur qu'on ne vous [aime.

Les jansénistes, pour mieux prouver que jamais Jésus-Christ n'avait pu prendre l'habit de jésuite, remplirent

Paris de convulsions, et attirèrent le monde à leur préau. Le conseiller au parlement Carré de Montgeron alla présenter au roi un recueil in-4° de tous ces miracles, attestés par mille témoins. Il fut mis, comme de raison, dans un château, où l'on tâcha de rétablir son cerveau par le régime ; mais la vérité l'emporte toujours sur les persécutions : les miracles se perpétuèrent trente ans de suite, sans discontinuer. On faisait venir chez soi sœur Rose, sœur Illuminée, sœur Promise, sœur Confite : elles se faisaient fouetter, sans qu'il y parût le lendemain ; on leur donnait des coups de bûche sur leur estomac bien cuirassé, bien rembourré, sans leur faire de mal ; on les couchait devant un grand feu, le visage frotté de pommade, sans qu'elles brûlassent ; enfin, comme tous les arts se perfectionnent, on a fini par leur enfoncer des épées dans les chairs, et par les crucifier. Un fameux maître d'école même a eu aussi l'avantage d'être mis en croix : tout cela pour convaincre le monde qu'une certaine bulle était ridicule, ce qu'on aurait pu prouver sans tant de frais. Cependant, et jésuites et jansénistes se réunirent tous contre l'*Esprit des lois*, et contre... et contre... et contre... et contre... Et nous osons après cela nous moquer des Lapons, des Samoyèdes et des Nègres, ainsi que nous l'avons dit tant de fois !

Voltaire
Dictionnaire philosophique

Qu'on ne s'étonne pas de voir Voltaire tutoyer Job : c'est un des personnages favoris de cet inlassable lecteur de la Bible. Plus qu'un personnage : un interlocuteur, un ami, un frère. Un régal d'humour et d'ironie, où se dénonce l'affabulation biblique.

JOB

Bonjour, mon ami Job ; tu es un des plus anciens originaux dont les livres fassent mention ; tu n'étais point Juif : on sait que le livre qui porte ton nom est plus ancien que le *Pentateuque*. Si les Hébreux, qui l'ont traduit de l'arabe se sont servis du mot Jéhova pour signifier Dieu, ils empruntèrent ce mot des Phéniciens et des Egyptiens, comme les vrais savants n'en doutent pas. Le mot *satan* n'était point hébreux, il était chaldéen ; on le sait assez.

Tu demeurais sur les confins de la Chaldée. Des commentateurs, dignes de leur profession, prétendent que tu croyais à la résurrection, parce qu'étant couché sur ton fumier tu as dit, dans ton dix-neuvième chapitre, *que tu t'en relèverais* quelque jour. Un malade qui espère sa guérison n'espère pas pour cela la résurrection ; mais je veux te parler d'autres choses.

Avoue que tu étais un grand bavard ; mais tes amis l'étaient davantage. On dit que tu possédais sept mille moutons, trois mille chameaux, mille bœufs, et cinq cents ânesses. Je veux faire ton compte.

Après la fermeture, le 27 janvier 1732, du cimetière Saint-Médard, où convulsions et miracles attestés se multipliaient, l'effervescence janséniste se réfugia, jusqu'à la Révolution, dans des sectes dotées cependant d'une caisse commune, la *boîte à Perrette* (1 100 00 livres en 1778). Les femmes s'offraient à d'impressionnants supplices, les *grands secours* et les *secours meurtriers*. Les secouristes les frappaient à coup de poing, de bûche, leur tenaillaient les seins avec des pinces, leur labouraient le corps avec un bâton pointu, le *sucre d'orge*... Madeleine Durand (ci-contre) se coupait au ciseau les chairs de son cancer, et arrêtait l'hémorragie avec de l'eau puisée dans le puits du diacre Pâris.

Sept mille moutons, à trois livres dix sous pièce, font vingt-deux mille cinq cents livres tournois, pose	22,500 livres
J'évalue les trois mille chameaux à cinquante écus pièce	450,000 livres
Mille bœufs ne peuvent être estimés, l'un portant l'autre, moins de	80,000 livres
Et cinq cents ânesses, à vingt francs l'ânesse	10,000 livres
Le tout se monte à	562,500 livres

Sans compter tes meubles, bagues, et joyaux.

J'ai été beaucoup plus riche que toi ; et quoique j'aie perdu une grande partie de mon bien, et que je sois malade comme toi, je n'ai point murmuré contre Dieu, comme tes amis semblent te le reprocher quelquefois.

Je ne suis point du tout content de Satan, qui, pour t'induire au péché et pour te faire oublier Dieu, demande la permission de t'ôter ton bien et de te donner la gale. C'est dans cet état que les hommes ont toujours recours à la Divinité : ce sont les gens heureux qui l'oublient. Satan ne connaissait pas assez le monde : il s'est formé depuis ; et quand il veut s'assurer de quelqu'un, il en fait un fermier général, ou quelque chose de mieux, s'il est possible. C'est ce que notre ami Pope nous a clairement montré dans l'histoire du chevalier Balaam.

Ta femme était une impertinente ; mais tes prétendus amis Eliphaz, natif de Ihéman en Arabie, Baldad, de Suez, et Sophar, de Naamath, étaient bien plus insupportables qu'elle. Ils t'exhortent à la patience d'une manière à impatienter le plus doux des hommes : ils te font de longs sermons plus ennuyeux que ceux que prêche le fourbe V.....e à Amsterdam, et le.... etc.

Il est vrai que tu ne sais ce que tu dis quand tu t'écries : « Mon Dieu ! suis-je une mer ou une baleine pour avoir été enfermé par vous comme dans une prison ? » Mais tes amis n'en savent pas davantage quand ils te répondent « que le jonc ne peut reverdir sans humidité, et que l'herbe des prés ne peut croître sans eau ». Rien n'est moins consolant que cet axiome.

Sophar, de Naamath, te reproche d'être un babillard ; mais aucun de ces bons amis ne te prête un écu. Je ne t'aurais pas traité ainsi. Rien n'est plus commun que gens qui conseillent, rien de plus rare que ceux qui secourent. C'est bien la peine d'avoir trois amis pour n'en pas recevoir une goutte de bouillon quand on est malade. Je m'imagine que quand Dieu t'eut rendu tes richesses et ta santé, ces éloquents personnages n'osèrent pas se présenter devant toi : aussi les *amis de Job* ont passé en proverbe.

Dieu fut très-mécontent d'eux, et leur dit tout net au chapitre XLII, qu'ils *sont ennuyeux et imprudents* ; et il les condamne à une amende de sept taureaux et de sept béliers pour avoir dit des sottises. Je les aurais condamnés pour n'avoir point secouru leur ami.

Je te prie de me dire s'il est vrai que tu vécus cent quarante ans après cette aventure. J'aime à voir que les honnêtes gens vivent longtemps ; mais il faut que les hommes d'aujourd'hui soient de grands fripons, tant leur vie est courte !

Voltaire,
Dictionnaire philosophique

Encore une gaminerie de l'irrévérencieux Jean Huber : Voltaire habillé en père temporel des Capucins du pays de Gex.

Missionnaire, Voltaire le fut. Éloquent, grave et fervent, il l'est, quand il veut. Peut-on lire tel texte justement célèbre sans éprouver ce que déisme, ce qu'humanisme veut dire ? Dieu, chez lui, n'est pas un prête-nom, ni seulement un gendarme.

PRIERE A DIEU

Ce n'est donc plus aux hommes que je m'adresse ; c'est à toi, Dieu de tous les êtres, de tous les mondes et de tous les temps ; s'il est permis à de faibles créatures perdues dans l'immensité, et imperceptibles au reste de l'univers, d'oser te demander quelque chose, à toi qui as tout donné, à toi dont les décrets sont immuables comme éternels, daigne regarder en pitié les erreurs attachées à notre nature ; que ces erreurs ne fassent point nos calamités. Tu ne nous as point donné un cœur pour nous haïr, et des mains pour nous égorger ; fais que nous nous aidions mutuellement à supporter le fardeau d'une vie pénible et passagère ; que les petites différences entre les vêtements qui couvrent nos débiles corps, entre tous nos langages insuffisants, entre tous nos usages ridicules, entre toutes nos lois imparfaites, entre toutes nos opinions insensées, entre toutes nos conditions si disproportionnées à nos yeux, et si égales devant toi ; que toutes ces petites nuances qui distinguent les atomes appelés *hommes* ne soient pas des signaux de haine et de persécution ; que ceux qui allument des cierges en plein midi pour te célébrer supportent ceux qui se contentent de la lumière de ton soleil ; que ceux qui couvrent leur robe d'une toile blanche pour dire qu'il faut t'aimer ne détestent pas ceux qui disent la même chose sous un manteau de laine noire ; qu'il soit égal de t'adorer dans un jargon formé d'une ancienne langue, ou dans un jargon plus nouveau ; que ceux dont l'habit est teint en rouge ou en violet, qui dominent sur une petite parcelle d'un petit tas de la boue de ce monde, et qui possèdent quelques fragments arrondis d'un certain métal, jouissent sans orgueil de ce qu'ils appellent *grandeur* et *richesse*, et que les autres les voient sans envie : car tu sais qu'il n'y a dans ces vanités ni de quoi envier, ni de quoi s'enorgueillir.

Puissent tous les hommes se souvenir qu'ils sont frères ! Qu'ils aient en horreur la tyrannie exercée sur les âmes, comme ils ont en exécration le brigandage qui ravit par la force le fruit du travail et de l'industrie paisible ! Si les fléaux de la guerre sont inévitables, ne nous haïssons pas, ne nous déchirons pas les uns les autres dans le sein de la paix, et employons l'instant de notre existence à bénir également en mille langages divers, depuis Siam jusqu'à la Californie, ta bonté qui nous a donné cet instant.

Voltaire,
Traité sur la tolérance

Voltaire en vers sur tout et contre tout

Poète ou versificateur ? L'histoire a déjà répondu, en laissant sombrer la poésie de Voltaire avec celle de tout son siècle, théâtre versifié compris, épopée en prime. Qui s'intéresse à l'histoire du goût et des formes trouve pourtant matière à méditation dans cet avortement pathétique de plusieurs générations, qu'on expliquera plus sûrement par le classicisme devenu académisme que par le rationalisme ambiant. Mais peut-on rester sourd au charme insidieux de telle poésie de circonstance sans prétentions ?

C'est dans « le Mondain » (1736) que Voltaire émet posément cette proposition un peu forte, qui n'a même pas droit à un alexandrin : « Le paradis est où je suis ». Il fallut défendre ces agaceries antichrétiennes, ou antijansénistes, qui firent hurler les amateurs de paradis perdu.

DEFENSE DU MONDAIN
OU
L'APOLOGIE DU LUXE

A table hier, par un triste hasard,
J'étais assis près d'un maître cafard,
Lequel me dit : « Vous avez bien la [mine
D'aller un jour échauffer la cuisine
De Lucifer ; et moi, prédestiné,
Je rirai bien quand vous serez damné.
– Damné ! comment ? pourquoi ? – [Pour vos folies.
Vous avez dit en vos œuvres non pies,
Dans certain conte en rimes barbouillé,
Qu'au paradis Adam était mouillé
Lorsqu'il pleuvait sur notre premier [père ;
Qu'Eve avec lui buvait de belle eau [claire ;
Qu'ils avaient même, avant d'être [déchus,
La peau tannée et les ongles crochus.
Vous avancez, dans votre folle ivresse,
Prêchant le luxe, et vantant la mollesse,
Qu'il vaut bien mieux (ô blasphèmes [maudits !)
Vivre à présent qu'avoir vécu jadis.
Par quoi, mon fils, votre muse pollue
Sera rôtie, et c'est chose conclue. ».
Disant ces mots, son gosier altéré
Humait un vin qui, d'ambre coloré,
Sentait encor la grappe parfumée
Dont fut pour nous la liqueur [exprimée.
Un rouge vif enluminait son teint.
Lors je lui dis : « Pour Dieu, monsieur [le saint,

Quel est ce vin ? d'où vient-il, je vous
[prie ?
D'où l'avez-vous eu – Il vient de
[Canarie ;
C'est un nectar, un breuvage d'élu :
Dieu nous le donne, et Dieu veut qu'il
[soit bu.
– Et ce café, dont après cinq services
Votre estomac goûte encor les délices ?
– Par le Seigneur il me fut destiné.
– Bon : mais avant que Dieu vous l'ait
[donné,
Ne faut-il pas que l'humaine industrie
L'aille ravir aux champs de l'Arabie ?
La porcelaine et la frêle beauté
De cet émail à la Chine empâté,
Par mille mains fut pour vous préparée,
Cuite, recuite, et peinte, et diaprée ;
Cet argent fin, ciselé, godronné,
En plat, en vase, en soucoupe tourné,
Fut arraché de la terre profonde,
Dans le Potose, au sein d'un nouveau
[monde.
Tout l'univers a travaillé pour vous,
Afin qu'en paix, dans votre heureux
[courroux,
Vous insultiez, pieux atrabilaire,
Au monde entier, épuisé pour vous
plaire.
« O faux dévot, véritable mondain,
Connaissez-vous ; et, dans votre
[prochain,
Ne blâmez plus ce que votre indolence
Souffre, chez vous avec tant
[d'indulgence.
Sachez surtout que le luxe enrichit
Un grand Etat, s'il en perd un petit.
Cette splendeur, cette pompe
[mondaine,
D'un règne heureux est la marque
[certaine.
Le riche est né pour beaucoup
[dépenser ;
Le pauvre est fait pour beaucoup
[amasser.
Dans ces jardins regardez ces cascades,
L'étonnement et l'amour des naïades ;
Voyez ces flots, dont les nappes
[d'argent
Vont inonder ce marbre blanchissant ;
Les humbles prés s'abreuvent de cette
[onde ;
La terre en est plus belle et plus féconde.
Mais de ces eaux si la source tarit,
L'herbe est séchée, et la fleur se flétrit.
Ainsi l'on voit en Angleterre, en
[France,
Par cent canaux circuler l'abondance.
Le goût du luxe entre dans tous les
[rangs :
Le pauvre y vit des vanités des grands ;
Et le travail, gagé par la mollesse,
S'ouvre à pas lents la route à la richesse.

Voltaire,
1737

Deux exemples de satire voltairienne rimée, l'une dédiée au roux poète Jean-Baptiste Rousseau, exilé de France à perpétuité par le Parlement, pour ses poèmes satiriques, avant de tourner à la dévotion et de se prendre de querelle avec Voltaire. L'autre l'« Eloge de l'hypocrisie », aimablement offert au pasteur genevoix J. Vernet, qui poussait le mauvais goût jusqu'à refuser, comme ses collègues, de reconnaître avec Voltaire leur parfait déisme.

LA CREPINADE

Le diable un jour, se trouvant de loisir,
Dit : « Je voudrais former à mon plaisir
Quelque animal dont l'âme et la figure
Fût à tel point au rebours de nature,
Qu'en le voyant l'esprit le plus bouché
Y reconnût mon portrait tout craché. »
Il dit, et prend une argile ensoufrée,
Des eaux du Styx imbue et pénétrée ;
Il en modèle un chef-d'œuvre naissant,
Pétrit son homme, et rit en pétrissant.
D'abord il met sur une tête immonde

Certain poil roux que l'on sent à la
[ronde ;
Ce crin de juif orne un cuir
[bourgeonné,
Un front d'airain, vrai casque de
[damné ;
Un sourcil blanc cache un œil sombre
[et louche ;
Sous un nez large il tord sa laide
[bouche.
Satan lui donne un ris sardonien
Qui fait frémir les pauvres gens de
[bien,
Cou de travers, omoplate en arcade,
Un dos cintré propre à la bastonnade ;
Puis il lui souffle un esprit imposteur,
Traître et rampant, satirique et flatteur.
Rien n'épargnait : il vous remplit la
[bête
De fiel au cœur, et de vent dans la tête.
Quand tout fut fait, Satan considéra
Ce beau garçon, le baisa, l'admira ;
Endoctrina, gouverna son ouaille ;
Puis dit à tous : « Il est temps qu'il
[rimaille. »
Aussitôt fait, l'animal rimailla,
Monta sa vielle, et Rabelais pilla ;
Il griffonna des *Ceintures magiques*,
Des *Adonis*, des *Aïeux chimériques* ;
Dans les cafés il fit le bel esprit ;
Il nous chanta Sodome et Jésus-Christ ;
Il fut sifflé, battu pour son mérite,
Puis fut errant, puis se fit hypocrite ;
Et, pour finir, à son père il alla.
Qu'il y demeure. Or je veux sur cela
Donner au diable un conseil salutaire :
« Monsieur Satan, lorsque vous
[voudrez faire
Quelque bon tour au chétif genre
[humain,
Prenez-vous-y par un autre chemin.
Ce n'est le tout d'envoyer son
[semblable
Pour nous tenter : Crépin, votre féal,
Vous servant trop, vous a servi fort
[mal :
Pour nous damner, rendez le vice
[aimable. »

Voltaire,
1736

ELOGE DE L'HYPOCRISIE

Mes chers amis, il me prend fantaisie
De vous parler ce soir d'hypocrisie.
Grave Vernet, soutiens ma faible voix :
Plus on est lourd, plus on parle avec
[poids.
Si quelque belle à la démarche fière,
Aux gros tétons, à l'énorme derrière,
Etale aux yeux ses robustes appas,
Les rimailleurs la nommeront Pallas.
Une beauté jeune, fraîche, ingénue,
S'appelle Hébé ; Vénus est reconnue
A son sourire, à l'air de volupté
Qui de son charme embellit la beauté.
Mais si j'avise un visage sinistre,
Un front hideux, l'air empesé d'un
[cuistre,
Un cou jauni sur un moignon penché,
Un œil de porc à la terre attaché
Miroir d'une âme à ses remords en
[proie,
Toujours terni, de peur qu'on ne la
[voie,
Sans hésiter, je vous déclare net
Que ce magot est Tartuffe, ou Vernet.
C'est à toi, Vernet, que je dédie
Ma très-honnête et courte rapsodie
Sur le sujet de notre ami Guignard,
Fesse-mathieu, dévot, et grand paillard.
Avant-hier advint que de fortune
Je rencontrai ce Guignard sur la brune,
Qui chez Fanchon s'allait glisser sans bruit,
Comme un hibou qui ne sort que de nuit.
Je l'arrêtai, d'un air assez fantasque,
Par sa jaquette, et je lui criai : « Masque,
Je te connais ; l'argent et les catins
Sont à tes yeux les seuls objets divins :
Tu n'eus jamais un autre catéchisme.
Pourquoi veux-tu, de ton plat rigorisme
Nous étalant le dehors imposteur,

Tromper le monde, et mentir à ton cœur ;
Et tout pétri d'une douce luxure,
Parler en Paul, et vivre en Epicure ? »
Le sycophante alors me répondit
Qu'il faut tromper pour se mettre en [crédit ;
Que la franchise est toujours dangereuse,
L'art bien reçu, la vertu malheureuse,
La fourbe utile, et que la Vérité
Est un joyau peu connu, très-vanté,
D'un fort grand prix, mais qui n'est point [d'usage.
Je répliquai : « Ton discours paraît sage.
L'hypocrisie a du bon quelquefois ;
Pour son profit on a trompé des rois.
On trompe aussi le stupide vulgaire
Pour le gruger, bien plus que pour lui [plaire.
Lorsqu'il s'agit d'un trône épiscopal,
Ou du chapeau qui coiffe un cardinal,
Ou, si l'on veut, de la triple couronne
Que quelquefois l'ami Belzebut donne,
En pareil cas peut-être il serait bon
Qu'on employât quelques tours de fripon.
L'objet est beau, le prix en vaut la peine.
Mais se gêner pour mettre à la gêne,
Mais s'imposer le fardeau détesté
D'une inutile et triste fausseté,
Du monde entier méprisée et maudite,
C'est être dupe encor plus qu'hypocrite.

Voltaire,
1766

Voici enfin, en guise d'échantillon, et pour bien mesurer l'écart des temps, des goûts et des formes, quelques petits vers glanés de-ci, de-là, qui nous rappellent combien Voltaire est un écrivain d'avant l'âge du sérieux. Mais Mallarmé va nous apprendre à farcir de philosophie profonde les bouts rimés.

SUR JEAN-JACQUES ROUSSEAU

Cet ennemi du genre humain,
Singe manqué de l'Arétin,
Qui se croit celui de Socrate ;
Ce charlatan trompeur et vain,
Changeant vingt fois son mithridate ;
Ce basset hargneux et mutin,
Bâtard du chien de Diogène,
Mordant également la main
Ou qui le fesse, ou qui l'enchaîne,
Ou qui lui présente du pain.

EPIGRAMME
IMITÉE DE L'ANTHOLOGIE

L'autre jour, au fond d'un vallon,
Un serpent piqua Jean Fréron.
Que pensez-vous qu'il arriva ?
Ce fut le serpent qui creva.

AU ROI DE PRUSSE
BILLET DE CONGÉ

Non, malgré vos vertus, non, malgré vos appas,
Mon âme n'est pas satisfaite ;
Non, vous n'êtes qu'une coquette
Qui subjugue les cœurs, et ne vous donnez pas [1].

1. Le roi écrivit au bas ;
Mon âme sent le prix de vos divins appas :
Mais ne présumez pas qu'elle soit satisfaite.
Traître, vous me quittez pour suivre une coquette :
Moi, je ne vous quitterais pas.

Voltaire,
1740

A MONSIEUR L'ABBE COUET,
GRAND-VICAIRE DU CARDINAL DE NOAILLES,
EN LUI ENVOYANT LA TRAGÉDIE DE MARIANE.

Vous m'envoyez un mandement,
Recevez une tragédie,
Afin que mutuellement
Nous nous donnions la comédie.

20 août 1725

Voyages et aventures de la raison

A ce maître de l'ironie, l'histoire a joué le mauvais tour, qui l'eût amusé modérément, de ne consacrer que ses récits en prose, et encore avec l'aide de l'institution scolaire. « Contes et romans » : il n'a avalisé ni ce titre ni la liste des textes. Mais on se tromperait en croyant qu'il les traitait à la légère, les corrections de « Candide » en font foi. Un artiste de cette stature n'est pas myope à ce point, et il ne comptait certainement pas ces incursions tardives au pays de Romancie comme du « fatras ». On a beaucoup glosé sur le « conte philosophique » : autant avouer que ce n'est pas un genre constitué, ni une expression de Voltaire.

On trouve, dans ce conte peu lu, bien des ingrédients du récit voltairien : un orientalisme sans prétention (Ninive est évidemment Paris), un thème philosophique rebattu (le bonheur), une satire des illusions de la raison humaine, une délicieuse ironie, et un emblème tout voltairien des Lumières (le Borgne). Il ne reste plus qu'à écrire la musique.

Memnon conçut un jour le projet insensé d'être parfaitement sage. Il n'y a guère d'hommes à qui cette folie n'ait quelquefois passé par la tête. Memnon se dit à lui-même : « Pour être très sage, et par conséquent très heureux, il n'y a qu'à être sans passions ; et rien n'est plus aisé, comme on sait. Premièrement, je n'aimerai jamais de femme ; car, en voyant une beauté parfaite, je me dirai à moi-même : « Ces joues-là se rideront un jour ; ces beaux yeux seront bordés de rouge ; cette gorge ronde deviendra plate et pendante ; cette belle tête deviendra chauve. » Or je n'ai qu'à la voir à présent des mêmes yeux dont je la verrai alors ; et assurément cette tête ne fera pas tourner la mienne.

« En second lieu, je serai toujours sobre. J'aurai beau être tenté par la bonne chère, par des vins délicieux, par la séduction de la société ; je n'aurai qu'à me représenter les suites des excès, une tête pesante, un estomac embarrassé, la perte de la raison, de la santé et du temps : je ne mangerai alors que pour le besoin ; ma santé sera toujours égale, mes idées toujours pures et lumineuses. Tout cela est si facile qu'il n'y a aucun mérite à y parvenir.

« Ensuite, disait Memnon, il faut penser un peu à ma fortune. Mes désirs sont modérés, mon bien est solidement placé sur le receveur général des finances de Ninive ; j'ai de quoi vivre dans l'indépendance ; c'est là le plus grand des biens. Je ne serai jamais dans la cruelle nécessité de faire ma cour : je n'envierai personne, et personne ne m'enviera. Voilà qui est encore très aisé. J'ai des amis, continuait-il, je les conserverai, puisqu'ils n'auront rien à me disputer. Je n'aurai jamais

d'humeur avec eux, ni eux avec moi. Cela est sans difficulté. »

Ayant fait ainsi son petit plan de sagesse dans sa chambre, Memnon mit la tête à la fenêtre. Il vit deux femmes qui se promenaient sous des platanes auprès de sa maison. L'une était vieille et paraissait ne songer à rien. L'autre était jeune, jolie, et semblait fort occupée. Elle soupirait, elle pleurait, et n'en avait que plus de grâces. Notre sage fut touché, non pas de la beauté de la dame (il était bien sûr de ne pas sentir une telle faiblesse), mais de l'affliction où il la voyait. Il descendit, il aborda la jeune Ninivienne dans le dessein de la consoler avec sagesse. Cette belle personne lui conta de l'air le plus naïf et le plus touchant tout le mal que lui faisait un oncle qu'elle n'avait point ; avec quels artifices il lui avait enlevé un bien qu'elle n'avait jamais possédé, et tout ce qu'elle avait à craindre de sa violence. « Vous me paraissez un homme de si bon conseil, lui dit-elle, que si vous aviez la condescendance de venir jusque chez moi, et d'examiner mes affaires, je suis sûre que vous me tireriez du cruel embarras où je suis. » Memnon n'hésita pas à la suivre pour examiner sagement ses affaires et pour lui donner un bon conseil.

La dame affligée le mena dans une chambre parfumée, et le fit asseoir avec elle poliment sur un large sofa, où ils se tenaient tous deux les jambes croisées vis-à-vis l'un de l'autre. La dame parla en baissant les yeux, dont il échappait quelquefois des larmes, et qui en se relevant rencontraient toujours les regards du sage Memnon. Ses discours étaient pleins d'un attendrissement qui redoublait toutes les fois qu'ils se regardaient. Memnon prenait ses affaires extrêmement à cœur, et se sentait de moment en moment la plus grande envie d'obliger une personne si honnête et si malheureuse. Ils cessèrent insensiblement, dans la chaleur de la conversation, d'être vis-à-vis l'un de l'autre. Leurs jambes ne furent plus croisées. Memnon la conseilla de si près, et lui donna des avis si tendres qu'ils ne pouvaient ni l'un ni l'autre parler d'affaires, et qu'ils ne savaient plus où ils en étaient.

Comme ils en étaient là, arrive

l'oncle, ainsi qu'on peut bien le penser ; il était armé de la tête aux pieds ; et la première chose qu'il dit fut qu'il allait tuer, comme de raison, le sage Memnon et sa nièce ; la dernière qui lui échappa fut qu'il pouvait pardonner pour beaucoup d'argent. Memnon fut obligé de donner tout ce qu'il avait. On était heureux, dans ce temps-là, d'en être quitte à si bon marché ; l'Amérique n'était pas encore découverte, et les dames affligées n'étaient pas à beaucoup près si dangereuses qu'elles le sont aujourd'hui.

Memnon honteux et désespéré rentra chez lui : il y trouva un billet qui l'invitait à dîner avec quelques-uns de ses intimes amis. « Si je reste seul chez moi, dit-il, j'aurai l'esprit occupé de ma triste aventure, je ne mangerai point, je tomberai malade. Il vaut

mieux aller faire avec mes amis intimes un repas frugal. J'oublierai, dans la douceur de leur société, la sottise que j'ai faite de matin. » Il va au rendez-vous ; on le trouve un peu chagrin. On le fait boire pour dissiper sa tristesse. Un peu de vin pris modérément est un remède pour l'âme et pour le corps. C'est ainsi que pense le sage Memnon ; et il s'enivre. On lui propose de jouer après le repas. Un jeu réglé avec des amis est un passe-temps honnête. Il joue ; on lui gagne tout ce qu'il a dans sa bourse, et quatre fois autant sur sa parole. Une dispute s'élève sur le jeu, on s'échauffe : l'un de ses amis intimes lui jette à la tête un cornet, et lui crève un œil. On rapporte chez lui le sage Memnon, ivre, sans argent et ayant un œil de moins.

Il cuve un peu son vin ; et, dès qu'il a la tête plus libre, il envoie son valet chercher de l'argent chez le receveur général des finances de Ninive, pour payer ses intimes amis : on lui dit que son débiteur a fait une banqueroute frauduleuse qui met en alarme cent familles. Memnon, outré, va à la cour avec un emplâtre sur l'œil et un placet à la main, pour demander justice au roi contre le banqueroutier. Il rencontre dans un salon plusieurs dames qui portaient toutes d'un air aisé des cerceaux de vingt-quatre pieds de circonférence. L'une d'elles, qui le connaissait un peu, dit en le regardant de côté : « Ah, l'horreur ! » Une autre, qui le connaissait davantage, lui dit : « Bonsoir, Monsieur Memnon ; mais vraiment, monsieur Memnon, je suis fort aise de vous voir ; à propos, monsieur Memnon, pourquoi avez-vous perdu un œil ? » Et elle passa sans attendre sa réponse.

Voltaire,
Memnon ou la Sagesse humaine

L'« Histoire de Jenni ou le Sage et l'Athée » est le dernier conte, ou roman, ou récit voltairien. Il reprend la question de « Candide » (« Que faire du mal ? ») en changeant de cible : il faut maintenant défendre Dieu contre les philosophes athées. Mais on commence par faire cause commune avec eux contre les fanatiques du papisme, en voyageant en Espagne. Jenni est le fils du sage et du vertueux Freind.

SUITE DES AVENTURES DU JEUNE ANGLAIS JENNI, ET DE CELLES DE MONSIEUR SON PERE, DOCTEUR EN THEOLOGIE, MEMBRE DU PARLEMENT ET DE LA SOCIETE ROYALE

Vous savez quelle admirable conduite tint le comte de Peterborou dès qu'il fut maître de Barcelone ; comme il empêcha le pillage, avec quelle sagacité prompte il mit ordre à tout, comme il arracha la duchesse de Popoli des mains de quelques soldats allemands ivres, qui la volaient et qui la violaient. Mais vous peindrez-vous bien la surprise, la douleur, l'anéantissement, la colère, les larmes, les transports de notre ami Freind, quand il apprit que Jenni était dans les cachots du Saint-Office et que son bûcher était préparé ? Vous savez que les têtes les plus froides sont les plus animées dans les grandes occasions. Vous eussiez vu ce père, que vous avez connu si grave et si imperturbable, voler à l'antre de l'Inquisition plus vite que nos chevaux de race ne courent à Neumarket. Cinquante soldats, qui le suivaient hors d'haleine, étaient toujours à deux cents pas de lui. Il arrive, il entre dans la caverne. Quel moment ! que de pleurs et que de joie ! Vingt victimes, destinées à la même cérémonie que Jenni, sont délivrées. Tous ces prisonniers s'arment ; tous se joignent à nos soldats ; ils démolissent le Saint-Office en dix minutes, et déjeunent sur ses ruines avec le vin et les jambons des inquisiteurs.

Au milieu de ce fracas, et des fanfares, et des tambours, et du retentissement de quatre cents canons qui annonçaient notre victoire à la Catalogne, notre ami Freind avait repris la tranquillité que vous lui connaissez. Il était calme comme l'air dans un beau jour après un orage. Il élevait à Dieu un cœur aussi serein que son visage, lorsqu'il vit sortir du soupirail d'une cave un spectre noir en surplis, qui se jeta à ses pieds et qui lui criait miséricorde. « Qui es-tu ? lui dit notre ami ; viens-tu de l'enfer ? – A peu près, répondit l'autre ; je suis don Jeronimo Bueno Caracucarador, inquisiteur pour la foi ; je vous demande très humblement pardon d'avoir voulu cuire monsieur votre fils en place publique : je le prenais pour un Juif.

– Eh ! quand il serait juif, répondit notre ami avec son sang-froid ordinaire, vous sied-il bien, monsieur Caracucarador, de cuire des gens parce qu'ils sont descendus d'une race qui habitait autrefois un petit canton pierreux tout près du désert de Syrie ? Que vous importe qu'un homme ait un prépuce ou qu'il n'en ait pas, et qu'il fasse sa pâque dans la pleine lune rousse ou le dimanche d'après ? Cet homme est juif, donc il faut que je le brûle ; et tout son bien m'appartient : voilà un très mauvais argument ; on ne raisonne point ainsi dans la société royale de Londres.

« Savez-vous bien, monsieur Caracucarador, que Jésus-Christ était juif, qu'il naquit, vécut et mourut juif ; qu'il fit sa pâque en juif dans la pleine lune ; que tous ses apôtres étaient juifs ; qu'ils allèrent dans le temple juif après son malheur, comme il est dit expressément ; que les quinze premiers évêques secrets de Jérusalem étaient juifs ? Mon fils ne l'est pas, il est anglican : quelle idée vous a passé par la tête de le brûler ? »

L'inquisiteur Caracucarador, épouvanté de la science de M. Freind, et toujours prosterné à ses pieds, lui dit : « Hélas ! nous ne savions rien de tout cela dans l'université de Salamanque. Pardon, encore une fois ; mais la véritable raison est que monsieur votre fils m'a pris ma maîtresse Boca Vermeja. – Ah ! s'il vous a pris votre maîtresse, repartit Freind, c'est autre chose ; il ne faut jamais prendre le bien d'autrui. Il n'y a pourtant pas là une raison suffisante (comme dit Leibniz) pour brûler un jeune homme. Il faut proportionner les peines aux délits. Vous autres, chrétiens de delà la mer britannique en tirant vers le sud, vous avez plus tôt fait cuire un de vos frères, soit le conseiller Anne Dubourg, soit Michel Servet, soit tous ceux qui furent ars sous Philippe second surnommé *le discret*, que nous ne faisons rôtir un rostbif à Londres. Mais qu'on m'aille chercher Mlle Boca Vermeja, et que je sache d'elle la vérité. »

Boca Vermeja fut amenée pleurante, et embellie par ses larmes, comme c'est l'usage. « Est-il vrai, mademoiselle, que vous aimiez tendrement don Caracucarador, et que mon fils Jenni vous ait prise à force ? – A force ! monsieur l'Anglais, c'était assurément du meilleur de mon cœur. Je n'ai jamais rien vu de si beau et de si aimable que monsieur votre fils ; et je vous trouve bienheureux d'être son père. C'est moi qui lui ai fait toutes les avances ; il les mérite bien : je le suivrai jusqu'au bout du monde, si le monde a un bout. J'ai toujours, dans le fond de mon âme, détesté ce vilain inquisiteur ; il m'a fouettée presque jusqu'au sang moi et Mlle Las Nalgas. Si vous voulez me rendre la vie douce, vous ferez pendre ce scélérat de moine à ma fenêtre, tandis que je jurerai à monsieur votre fils un amour éternel ; heureuse si je pouvais jamais lui donner un fils qui vous ressemble ! »

En effet, pendant que Boca Vermeja prononçait ces paroles naïves, milord Peterborou envoyait chercher l'inquisiteur Caracucarador pour le faire pendre. Vous ne serez pas surpris quand je vous dirai que M. Freind s'y opposa fortement. « Que votre juste colère, dit-il, respecte votre générosité ; il ne faut jamais faire mourir un homme que quand la chose est absolument nécessaire pour le salut du prochain. Les Espagnols diraient que les Anglais sont des barbares qui tuent tous les prêtres qu'ils rencontrent. Cela pourrait faire grand tort à monsieur l'archiduc, pour lequel vous venez de prendre Barcelone. Je suis assez content que mon fils soit sauvé, et que ce coquin de moine soit hors d'état d'exercer ses fonctions inquisitoriales. » Enfin le sage et charitable Freind en dit tant que milord se contenta de faire fouetter Caracucarador, comme ce misérable avait fouetté miss Boca Vermeja et miss Las Nalgas.

Tant de clémence toucha le cœur des Catalans. Ceux qui avaient été délivrés des cachots de l'Inquisition conçurent que notre religion valait infiniment mieux que la leur. Ils demandèrent presque tous à être reçus dans l'Eglise anglicane ; et même quelques bacheliers de l'université de Salamanque, qui se trouvaient dans Barcelone, voulurent être éclairés. La plupart le furent bientôt. Il n'y en eut qu'un seul, nommé don Inigo y Medroso y Comodios y Papalamiendo, qui fut un peu rétif.

Voltaire,
Histoire de Jenni, II

Profondes méditations d'un philosophe ignorant

Philosophe au sens que ce terme prend au XVIIIe siècle, avant de se volatiliser dans l'explosion révolutionnaire, Voltaire l'est sans conteste, puisqu'il passe pour régner sur le royaume des Lumières. Mais tous ses vassaux ne furent pas persuadés qu'il eût la tête vraiment et profondément philosophique. Il n'a pourtant cessé, rageusement et gaiement de spéculer sur les idées des autres, et de défendre mordicus ses convictions essentielles : le déisme, l'empirisme lockéen, l'induction expérimentale à la Newton, l'anachronisme des systèmes métaphysiques a priori, etc.

Le rationalisme des Lumières est en fait beaucoup moins ambitieux que celui du XVIIe siècle : à la manière de Newton, il cherche à établir, entre des phénomènes dont l'essence nous échappe, des rapports vérifiables et constants (des lois). « Le premier principe des choses » (Dieu), pour Voltaire, est hors de portée des hommes. L'épistémologie enveloppe une morale : puisque nous ne sommes pas des dieux, ne faisons pas les bêtes. Ni les anges. C'est ici le noyau de la philosophie voltairienne.

DESESPOIR FONDE

Ainsi arrêtés dès le premier pas, et nous repliant vainement sur nous-mêmes, nous sommes effrayés de nous chercher toujours, et de ne nous trouver jamais. Nul de nos sens n'est explicable.

Nous savons bien à peu près, avec le secours des triangles, qu'il y a environ trente millions de nos grandes lieues géométriques de la terre au soleil ; mais qu'est-ce que le soleil ? et pourquoi tourne-t-il sur son axe ? et pourquoi en un sens plutôt qu'en un autre ? et pourquoi Saturne et nous tournons-nous autour de cet astre plutôt d'occident en orient que d'orient en occident ? Non seulement nous ne satisferons jamais à cette question, mais nous n'entreverrons jamais la moindre possibilité d'en imaginer seulement une cause physique. Pourquoi ? c'est que le nœud de cette difficulté est dans le premier principe des choses.

Il en est de ce qui agit au dedans de nous comme de ce qui agit dans les espaces immenses de la nature. Il y a dans l'arrangement des astres et dans la conformation d'un ciron et de l'homme un premier principe dont l'accès doit nécessairement nous être interdit. Car si nous pouvions connaître notre premier ressort, nous en serions

les maîtres, nous serions des dieux. Eclaircissons cette idée, et voyons si elle est vraie.

Supposons que nous trouvions en effet la cause de nos sensations, de nos pensées, de nos mouvements, comme nous avons seulement découvert dans les astres la raison des éclipses et des différentes phases de la lune et de Vénus ; il est clair que nous prédirions alors nos sensations, nos pensées et nos désirs résultant de ces sensations, comme nous prédisons les phases et les éclipses. Connaissant donc ce qui devrait se passer demain dans notre intérieur, nous verrions clairement, par le jeu de cette machine, de quelle manière ou agréable ou funeste nous devrions être affectés. Nous avons une volonté qui dirige, ainsi qu'on en convient, nos mouvements intérieurs en plusieurs circonstances. Par exemple, je me sens disposé à la colère, ma réflexion et ma volonté en répriment les accès naissants. Je verrais, si je connaissais mes premiers principes, toutes les affections auxquelles je suis disposé pour demain, toute la suite des idées qui m'attendent ; je pourrais avoir sur cette suite d'idées et de sentiments la même puissance que j'exerce quelquefois sur les sentiments et sur les pensées actuelles que je détourne et que je réprime. Je me trouverais précisément dans le cas de tout homme qui peut retarder et accélérer à son gré le mouvement d'une horloge, celui d'un vaisseau, celui de toute machine connue.

Dans cette supposition, étant le maître des idées qui me sont destinées demain, je le serais pour le jour suivant, et je le serais pour le reste de ma vie ; je pourrais donc être toujours tout-puissant sur moi-même, je serais le dieu de moi-même. Je sens assez que

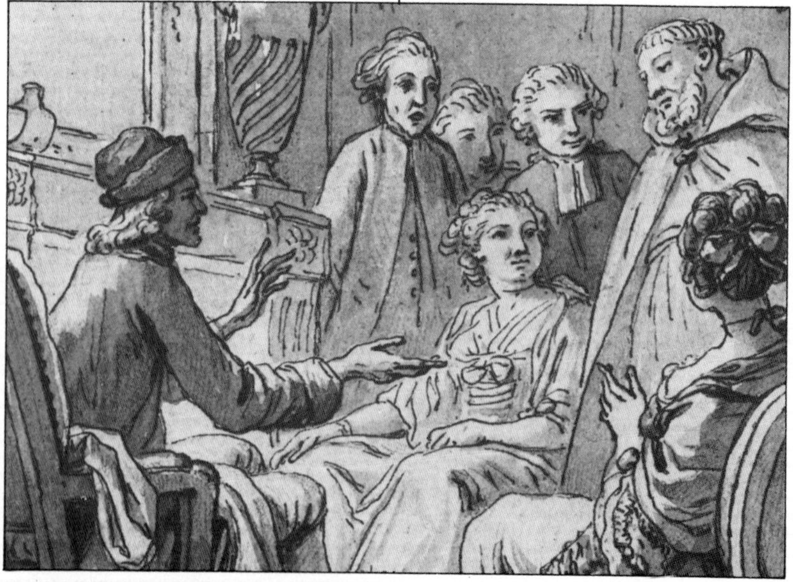

cet état est incompatible avec ma nature ; il est donc impossible que je puisse rien connaître du premier principe qui me fait penser et agir.

Voltaire,
in Mélanges, la Pléiade

Comme Voltaire l'indique lui-même en guise de chute et de leçon de méthode, il a varié sur la question de la liberté. Jusque vers 1748-1750, il s'oblige à défendre la liberté ; notamment contre Frédéric II, leibnizien fataliste, puis « est enfin contraint de se rendre ». On voit qu'il est, autant que Pangloss, possédé par la rage métaphysique. Mais Pangloss ne veut jamais en démordre.

SUIS-JE-LIBRE ?

Ne sortons point encore du cercle de notre existence ; continuons à nous examiner nous-mêmes autant que nous le pouvons. Je me souviens qu'un jour, avant que j'eusse fait toutes les questions précédentes, un raisonneur voulut me faire raisonner. Il me demanda si j'étais libre ; je luis répondis que je n'étais point en prison, que j'avais la clef de ma chambre, que j'étais parfaitement libre. « Ce n'est pas cela que je vous demande, me répondit-il ; croyez-vous que votre volonté ait la liberté de vouloir ou de ne vouloir pas vous jeter par la fenêtre ? pensez-vous, avec l'ange de l'école, que le libre arbitre soit une puissance appétitive, et que le libre arbitre se perde par le péché ? » Je regardai mon homme fixement, pour tâcher de lire dans ses yeux s'il n'avait pas l'esprit égaré, et je lui répondis que je n'entendais rien à son galimatias.

Cependant cette question sur la liberté de l'homme m'intéressa vivement ; je lus des scolastiques, je fus comme eux dans les ténèbres ; je lus Locke, et j'aperçus des traits de lumière ; je lus le *Traité* de Collins, qui me parut Locke perfectionné ; et je n'ai jamais rien lu depuis qui m'ait donné un nouveau degré de connaissance. Voici ce que ma faible raison a conçu, aidée de ces deux grands hommes, les seuls, à mon avis, qui se soient entendus eux-mêmes en écrivant sur cette matière, et les seuls qui se soient fait entendre aux autres.

Il n'y a rien sans cause. Un effet sans cause n'est qu'une parole absurde. Toutes les fois que je veux, ce ne peut être qu'en vertu de mon jugement bon ou mauvais ; ce jugement est nécessaire, donc ma volonté l'est aussi. En effet, il serait bien singulier que toute la nature, tous les astres obéissent à des lois éternelles, et qu'il y eût un petit animal haut de cinq pieds qui, au mépris de ces lois, pût agir toujours comme il lui plairait au seul gré de son caprice. Il agirait au hasard, et on sait que le hasard n'est rien. Nous avons inventé ce mot pour exprimer l'effet connu de toute cause inconnue.

Mes idées entrent nécessairement dans mon cerveau ; comment ma volonté, qui en dépend, serait-elle à la fois nécessitée et absolument libre ? Je sens en mille occasions que cette volonté ne peut rien ; ainsi, quand la maladie m'accable, quand la passion me transporte, quand mon jugement ne peut atteindre aux objets qu'on me présente, etc., je dois donc penser que les lois de la nature étant toujours les mêmes, ma volonté n'est pas plus libre dans les choses qui me paraissent les plus indifférentes que dans celles où je me sens soumis à une force invincible.

Etre véritablement libre, c'est pouvoir. Quand je peux faire ce que je veux, voilà ma liberté ; mais je veux nécessairement ce que je veux ; autrement je voudrais sans raison, sans cause, ce qui est impossible. Ma liberté consiste à marcher quand je veux marcher et que je n'ai point la goutte.

Ma liberté consiste à ne point faire une mauvaise action quand mon esprit se la représente nécessairement mauvaise ; à subjuguer une passion quand mon esprit m'en fait sentir le danger, et que l'horreur de cette action combat puissamment mon désir. Nous pouvons réprimer nos passions, comme je l'ai déjà annoncé [...], mais alors nous ne sommes pas plus libres en réprimant nos désirs qu'en nous laissant entraîner à nos penchants : car, dans l'un et l'autre cas, nous suivons irrésistiblement notre dernière idée, et cette dernière idée est nécessaire ; donc je fais nécessairement ce qu'elle me dicte. Il est étrange que les hommes ne soient pas contents de cette mesure de liberté, c'est-à-dire du pouvoir qu'ils ont reçu de la nature de faire en plusieurs cas ce qu'ils veulent ; les astres ne l'ont pas : nous la possédons et notre orgueil nous fait croire quelquefois que nous en possédons encore plus. Nous nous figurons que nous avons le don incompréhensible et absurde de vouloir, sans autre raison, sans autre motif que celui de vouloir. [...]

Non, je ne puis pardonner au docteur Clarke d'avoir combattu avec mauvaise foi ces vérités dont il sentait la force, et qui semblaient s'accommoder mal avec ses systèmes. Non, il n'est pas permis à un philosophe tel que lui d'avoir attaqué Collins en sophiste, et d'avoir détourné l'état de la question en reprochant à Collins d'appeler l'homme *un agent nécessaire*. Agent ou patient, qu'importe ? agent quand il se meut volontairement, patient quand il reçoit des idées. Qu'est-ce que le nom fait à la chose ? L'homme est en tout un être dépendant, comme la nature entière est dépendante, et il ne peut être excepté des autres êtres.

Le prédicateur, dans Samuel Clarke, a étouffé le philosphe ; il distingue la nécessité physique et la nécessité morale. Et qu'est-ce qu'une nécessité morale ? Il vous paraît vraisemblable qu'une reine d'Angleterre qu'on couronne et que l'on sacre dans une église ne se dépouillera pas de ses habits royaux pour s'étendre toute nue sur l'autel, quoiqu'on raconte une pareille aventure d'une reine de Congo. Vous appelez cela *une nécessité morale* dans une reine de nos climats ; mais c'est au fond une nécessité physique, éternelle, liée à la constitution des choses. Il est aussi sûr que cette reine ne fera pas cette folie qu'il est sûr qu'elle mourra un jour. La nécessité morale n'est qu'un mot, tout ce qui se fait est absolument nécessaire. Il n'y a point de milieu entre la nécessité et le hasard ; et vous savez qu'il n'y a point de hasard : donc tout ce qui arrive est nécessaire.

Pour embarrasser la chose davantage, on a imaginé de distinguer encore entre nécessité et contrainte ; mais, au fond, la contrainte est-elle autre chose qu'une nécessité dont on s'aperçoit ? et la nécessité n'est-elle pas une contrainte dont on ne s'aperçoit point ? Archimède est également nécessité à rester dans sa chambre quand on l'y enferme, et quand il est si fortement occupé d'un problème qu'il ne reçoit pas l'idée de sortir.

Ducunt volentem fata, nolentem trahunt.

L'ignorant qui pense ainsi n'a pas toujours pensé de même, mais il est enfin contraint de se rendre.

Voltaire,
in Mélanges, la Pléiade

Cette mise au point sur la question des sauvages ne manque pas de mordant. Elle prend à contre-pied la thèse pseudo-rousseauiste du « bon sauvage » et de l'état de nature. Mais elle nous rappelle surtout que la culture des Lumières s'épanouit dans une mince élite sociale et culturelle. Au XIXe *siècle, les sauvages, les barbares ne seront plus les paysans (piliers d'un ordre traditionnel) mais les prolétaires.*

DES SAUVAGES

Entendez-vous par *sauvages* des rustres vivant dans des cabanes avec leurs femelles et quelques animaux, exposés sans cesse à toute l'intempérie des saisons ; ne connaissant que la terre qui les nourrit, et le marché où ils vont quelquefois vendre leurs denrées pour y acheter quelques habillements grossiers ; parlant un jargon qu'on n'entend pas dans les villes ; ayant peu d'idées, et par conséquent peu d'expressions ; soumis, sans qu'ils sachent pourquoi, à un homme de plume, auquel ils portent tous les ans la moitié de ce qu'ils ont gagné à la sueur de leur front ; se rassemblant, certains jours, dans une espèce de grange pour célébrer des cérémonies où ils ne comprennent rien, écoutant un homme vêtu autrement qu'eux et qu'ils n'entendent point ; quittant quelquefois leur chaumière lorsqu'on bat le tambour, et s'engageant à s'aller faire tuer dans une terre étrangère, et à tuer leurs semblables, pour le quart de ce qu'ils peuvent gagner chez eux en travaillant ? Il y a de ces sauvages-là dans toute l'Europe. Il faut convenir surtout que les peuples du Canada et les Cafres, qu'il nous a plu d'appeler sauvages, sont infiniment supérieurs aux nôtres. Le Huron, l'Algonquin, l'Illinois, le Cafre, le Hottentot, ont l'art de fabriquer eux-mêmes tout ce dont ils ont besoin, et cet art manque à nos rustres. Les peuplades d'Amérique et d'Afrique sont libres, et nos sauvages n'ont pas même d'idée de la liberté.

Les prétendus sauvages d'Amérique sont des souverains qui reçoivent des ambassadeurs de nos colonies transplantées auprès de leur territoire par l'avarice et par la légèreté. Ils connaissent l'honneur, dont jamais nos sauvages d'Europe n'ont entendu parler. Ils ont une patrie, ils l'aiment, ils la défendent ; ils font des traités : ils se battent avec courage, et parlent souvent avec une énergie héroïque. Y a-t-il une plus belle réponse, dans les *Grands Hommes* de Plutarque, que celle de ce chef de Canadiens à qui une nation européenne proposait de lui céder son patrimoine ? « Nous sommes nés sur cette terre, nos pères y sont ensevelis ; dirons-nous aux ossements de nos pères : levez-vous, et venez avec nous dans une terre étrangère ? »

Ces Canadiens étaient des Spartiates, en comparaison de nos rustres qui végètent dans nos villages, et des sybarites qui s'énervent dans nos villes.

Entendez-vous par sauvages des animaux à deux pieds, marchant sur les mains dans le besoin, isolés, errant dans les forêts, *Salvatici, Salvaggi* ; s'accouplant à l'aventure, oubliant les femmes auxquelles ils se sont joints, ne connaissant ni leurs fils ni leurs pères ; vivant en brutes, sans avoir ni l'instinct ni les ressources des brutes ? On a écrit que cet état est le véritable état de l'homme, et que nous n'avons fait que dégénérer misérablement depuis que nous l'avons quitté. Je ne crois pas que cette vie solitaire, attribuée à nos pères, soit dans la nature humaine.

Voltaire,
Essai sur les mœurs

Voyages au pays de la folie meurtrière

« Après la poésie, son métier serait l'histoire », remarque Piron. « L'histoire de Charles XII », « le Siècle de Louis XIV », « l'Essai sur les mœurs », etc. sont en effet des œuvres majeures, évidemment déclassées par les progrès de la discipline, mais qui ont fait triompher la nouvelle histoire des Lumières, « l'histoire philosophique ». Celle-ci s'est définie contre l'histoire purement événementielle et ornementale, contre aussi l'histoire érudite qui forge ses méthodes à la fin du XVIIe siècle. Son objet propre : l'histoire des erreurs et des progrès de l'esprit humain, l'histoire des mœurs et des peuples, plutôt que des guerres et des rois.

Au fond de l'histoire, que voit Voltaire? Le bruit de la sottise, la fureur de la bêtise. Il oscille entre l'horreur et le ricanement. Mais, parfois, un jardin s'épanouit dans ces déserts stériles : ce sont les grands siècles (de Périclès, d'Auguste, des Médicis, et surtout de louis XIV). Cet extrait du «Siècle de Louis XIV» nous rappelle combien l'histoire voltairienne doit au goût de l'anecdote, au sens du détail frappant, et combien Voltaire, par cet éloge de Louis XIV, prend sciemment le contre-pied de beaucoup de ses contemporains.

Quoique la vie et la mort de Louis XIV eussent été glorieuses, il ne fut pas aussi regretté qu'il le méritait. L'amour de la nouveauté, l'approche d'un temps de minorité, où chacun se figurait une fortune, la querelle de la « Constitution » qui aigrissait les esprits, tout fit recevoir la nouvelle de sa mort avec un sentiment qui allait plus loin que l'indifférence. Nous avons vu ce même peuple qui, en 1686, avait demandé au ciel avec larmes la guérison de son roi malade, suivre son convoi funèbre avec des démonstrations bien différentes. On prétend que la reine sa mère lui avait dit un jour dans sa grande jeunesse : « Mon fils, ressemblez à votre grand-père, et non pas à votre père. » Le roi en ayant demandé la raison : « C'est, dit-elle, qu'à la mort de Henri IV on pleurait, et qu'on a ri à celle de Louis XIII. »

Quoiqu'on lui ait reproché des petitesses, des duretés dans son zèle contre le jansénisme, trop de hauteur avec les étrangers dans ses succès, de la faiblesse pour plusieurs femmes, de trop grandes sévérités dans des choses personnelles, des guerres légèrement entreprises, l'embrasement du Palatinat, les persécutions contre les réformés, cependant ses grandes

Il y a, chez Voltaire, un flair de grand journaliste. C'est lui qui lance l'anecdote de la pomme de Newton et qui nous lègue le mystère de l'Homme au masque de fer ! Qui dit mieux ?

qualités et ses actions, mises enfin dans la balance, l'ont emporté sur ses fautes. Le temps, qui mûrit les opinions des hommes a mis le sceau à sa réputation et malgré tout ce qu'on a écrit contre lui, on ne prononcera point son nom sans respect, et sans concevoir à ce nom l'idée d'un siècle éternellement mémorable. Si l'on considère ce prince dans sa vie privée, on le voit à la vérité trop plein de sa grandeur, mais affable, ne donnant point à sa mère de part au gouvernement, mais remplissant avec elle tous les devoirs d'un fils, et observant avec son épouse tous les dehors de la bienséance : bon père, bon maître, toujours décent en public, laborieux dans le cabinet, exact dans les affaires, pensant juste, parlant bien, et aimable avec dignité.

J'ai déjà remarqué ailleurs qu'il ne prononça jamais les paroles qu'on lui fait dire lorsque le premier gentilhomme de la chambre et le grand-maître de la garde-robe se disputaient l'honneur de le servir : « Qu'importe lequel de mes valets me serve ? » Un discours si grossier ne pouvait partir d'un homme aussi poli et aussi attentif qu'il l'était, et ne s'accordait guère avec ce qu'il dit un jour au duc de La Rochefouchauld au sujet de ses dettes : « Que ne parlez-vous à vos amis ? » Mot bien différent, qui, par lui-même, valait beaucoup, et qui fut accompagné d'un don de cinquante mille écus.

Il n'est pas même vrai qu'il ait écrit au duc de La Rochefoucauld : « Je vous fait mon compliment, comme votre ami, sur la charge de grand-maître de la garde-robe, que je vous donne comme votre roi. » Les historiens lui font honneur de cette lettre. C'est ne pas sentir combien il est peu délicat, combien même il est dur de dire à celui dont on est le maître, qu'on est son maître. Cela serait à sa place si on écrivait à un sujet qui aurait été rebelle : c'est ce que Henri IV aurait pu dire au duc de Mayenne avant l'entière réconciliation. Le secrétaire du cabinet, Rose, écrivit cette lettre ; et le roi avait trop de bon goût pour l'envoyer. C'est ce bon goût qui lui fit supprimer les inscriptions fastueuses dont Charpentier, de l'Académie française, avait chargé les tableaux de Lebrun, dans la galerie de Versailles. *L'Incroyable passage du Rhin, la Merveilleuse prise de Valenciennes*, etc. Le roi sentit que *la Prise de Valenciennes, le Passage du Rhin*, disaient davantage. Charpentier avait eu raison d'orner d'inscriptions en notre langue les monuments de sa patrie ; la flatterie seule avait nui à l'exécution.

On a recueilli quelques réponses, quelques mots de ce prince, qui se réduisent à très-peu de chose. On prétend que, quand il résolut d'abolir en France le calvinisme, il dit : « Mon grand-père aimait les huguenots, et ne les craignait pas ; mon père ne les aimait point, et les craignait ; moi je ne les aime ni ne les crains.

Ayant donné, en 1658, la place de premier président du parlement de Paris à M. de Lamoignon, alors maître des requêtes, il lui dit : « Si j'avais connu un plus homme de bien et un plus digne sujet, je l'aurais choisi. » Il usa à peu près des mêmes termes avec le cardinal de Noailles, lorsqu'il lui donna l'archevêché de Paris. Ce qui fait le mérite de ces paroles, c'est qu'elles étaient vraies, et qu'elles inspiraient la vertu.

On prétend qu'un prédicateur indiscret le désigna un jour à Versailles : témérité qui n'est pas permise envers un particulier, encore moins envers un roi. On assure que Louis XIV se contenta de lui dire : « Mon père, j'aime bien à prendre ma part d'un sermon ; mais je n'aime pas qu'on me la fasse. » Que ce mot ait été dit ou non, il peut servir de leçon.

Il s'exprimait toujours noblement et ave précision, s'étudiant en public à parler comme à agir en souverain. Lorsque le duc d'Anjou partit pour aller régner en Espagne, il lui dit, pour marquer l'union qui allait désormais joindre les deux nations : « Il n'y a plus de Pyrénées. »

Voltaire,
le Siècle de Louis XIV

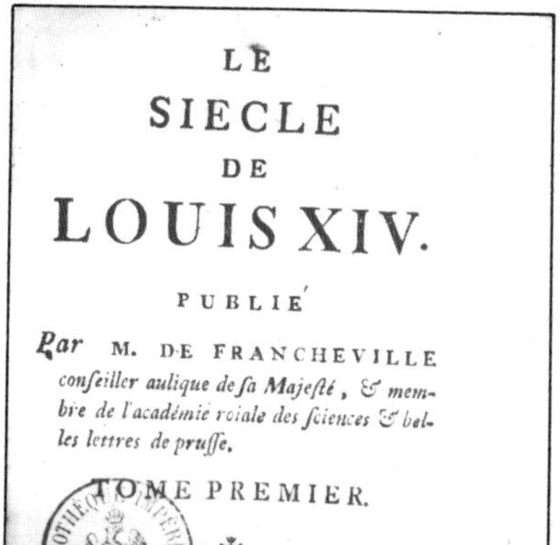
LE
SIECLE
DE
LOUIS XIV.
PUBLIÉ
Par M. DE FRANCHEVILLE
conseiller aulique de sa Majesté, & membre de l'académie roiale des sciences & belles lettres de prusse.
TOME PREMIER.
ACQUISITION N° 35424.
A BERLIN,
Chez C. F. Henning, Imprimeur du Roi.
M. DCC. LI.

Les «Lettres philosophiques» ne se veulent pas un livre d'histoire, mais un reportage, un peu embelli, sur l'Angleterre contemporaine. Elles contiennent cependant de percutants aperçus sur l'histoire politique ou celle des arts et des sciences. Dans ce survol nerveux et polémique de la genèse des libertés anglaises, Voltaire dissipe le mythe, agréable aux Anglais d'alors, d'une sorte de liberté originaire, toujours déjà là, et ne dissimule pas sa hargne antiaristocratique. Qu'on ne compte pas sur lui pour fonder comme Montesquieu, les libertés sur les privilèges nobiliaires!

NEUVIÈME LETTRE

SUR LE GOUVERNEMENT

Ce mélange heureux dans le gouvernement d'Angleterre, ce concert entre les communes, les lords et le roi n'a pas toujours subsisté. L'Angleterre a été longtemps esclave ; elle l'a été des Romains, des Saxons, des Danois, des Français. Guillaume le Conquérant surtout la gouverna avec un sceptre de fer ; il disposait des biens et de la vie de ses nouveaux sujets comme un monarque de l'Orient ; il défendit sous peine de mort qu'aucun Anglais osât avoir du feu et de la lumière chez lui passé huit heures du soir, soit qu'il prétendît par là prévenir leurs assemblées nocturnes ; soit qu'il voulût essayer, par une défense si bizarre, jusqu'où peut aller le pouvoir d'un homme sur d'autres hommes.

Il est vrai qu'avant et après Guillaume le Conquérant les Anglais ont eu des parlements ; ils s'en vantent, comme si ces assemblées appelées alors parlements, composées de tyrans ecclésiastiques et de pillards nommés barons, avaient été les gardiens de la liberté et de la félicité publique.

Les barbares, qui des bords de la mer Baltique fondaient dans le reste de l'Europe, apportèrent avec eux l'usage de ces États ou parlements dont on a fait tant de bruit et qu'on connaît si peu. Les rois alors n'étaient point despotiques, cela est vrai ; mais les peuples n'en gémissaient que plus dans une servitude misérable. Les chefs de ces sauvages qui avaient ravagé la France, l'Italie, l'Espagne, l'Angleterre se firent monarques ; leurs capitaines partagèrent entre eux les terres des vaincus. De là ces margraves, ces lairds, ces barons, ces sous-tyrans qui disputaient souvent avec leur roi les dépouilles des peuples. C'étaient des oiseaux de proie combattant contre un aigle pour sucer le sang des colombes ; chaque peuple avait cent tyrans au lieu d'un maître. Les prêtres se mirent bientôt de la partie. De tout temps le sort des Gaulois, des Germains, des insulaires d'Angleterre avait été d'être gouvernés par leurs druides et par les chefs de leurs villages, ancienne espèce de barons, mais moins tyrans que leurs successeurs. Ces druides se disaient médiateurs entre la divinité et les hommes, ils faisaient des lois, ils excommunaient, ils condamnaient à la mort. Les évêques succédèrent peu à peu à leur autorité temporelle dans le gouvernement goth et vandale. Les papes se mirent à leur tête, et avec des brefs, des bulles et des moines, firent trembler les rois, les déposèrent, les firent assassiner, et tirèrent à eux tout l'argent qu'ils purent de l'Europe. L'imbécile Inas, l'un des tyrans de l'Heptarchie d'Angleterre, fut le premier qui dans un pèlerinage à Rome se soumit à payer le denier de Saint-Pierre (ce qui était environ un écu de notre monnaie) pour chaque maison de son territoire. Toute l'île suivit bientôt cet exemple. L'Angleterre devint petit à petit une province du pape ; le Saint-Père y envoyait de temps en temps ses légats, pour y lever des impôts exorbitants. Jean Sans-Terre fit enfin une cession en bonne forme de son royaume à Sa Sainteté qui l'avait excommunié ; et les barons, qui n'y trouvèrent pas leur compte, chassèrent ce misérable roi ; ils mirent à sa place Louis VIII, père de saint Louis, roi de France ; mais ils se dégoûtèrent bientôt de ce nouveau venu et lui firent repasser la mer.

Tandis que les barons les évêques, les papes déchiraient ainsi l'Angleterre, où tous voulaient commander, le peuple, la plus nombreuse, la plus vertueuse même et par conséquent la plus respectable partie des hommes, composée de ceux qui étudient les lois et les sciences, des négociants, des artisans, en un mot de tout ce qui n'était point tyran, le peuple, dis-je, était regardé par eux comme des animaux au-dessous de l'homme. Il s'en fallait bien que les communes eussent alors part au gouvernement ; c'étaient des vilains : leur travail, leur sang appartenaient à leurs maîtres, qui s'appelaient nobles. Le plus grand nombre des hommes étaient en Europe ce qu'ils sont encore en plusieurs endroits du Nord, serfs d'un seigneur, espèce de bétail qu'on vend et qu'on achète avec la terre. Il a fallu des siècles pour rendre justice à l'humanité, pour sentir qu'il était horrible que le grand nombre semât et que le petit nombre recueillît ; et n'est-ce pas un bonheur pour le genre humain que l'autorité de ces petits brigands ait été éteinte en France par la puissance légitime de nos rois, et en Angleterre par la puissance légitime des rois et du peuple ?

Heureusement, dans les secousses que les querelles des rois et des grands donnaient aux empires, les fers des nations se sont plus ou moins relâchés ; la liberté est née en Angleterre des querelles des tyrans. Les barons forcèrent Jean Sans-Terre et Henri III à accorder cette fameuse Charte, dont le principal but était à la vérité de mettre les rois dans la dépendance des lords, mais dans laquelle le reste de la nation fut un peu favorisé, afin que dans l'occasion elle se rangeât du parti de ses prétendus protecteurs. Cette Grande Charte, qui est regardée comme l'origine sacrée des libertés anglaises, fait bien voir elle-même combien peu la liberté était connue. Le titre seul prouve que le roi se croyait absolu de droit, et que les barons et le clergé même ne le forçaient à se relâcher de ce droit prétendu que parce qu'ils étaient les plus forts.

Voici comme commence la Grande Charte : « Nous accordons de notre libre volongé les privilèges suivants aux archevêques, évêques, abbés, prieurs et barons de notre Royaume, etc. »

Dans les articles de cette Charte, il n'est pas dit un mot de la Chambre des communes, preuve qu'elle n'existait pas encore, ou qu'elle existait sans pouvoir. On y spécifie les hommes libres d'Angleterre : triste démonstration qu'il y en avait qui ne l'étaient pas. On voit par l'article 32 que ces hommes prétendus libres devaient des services à leur seigneur. Une telle liberté tenait encore beaucoup de l'esclavage.

Par l'article 21 le roi ordonne que ses officiers ne pourront dorénavant prendre de force les chevaux et les charrettes des hommes libres qu'en payant, et ce règlement parut au peuple une vraie liberté, parce qu'il ôtait une plus grande tyrannie.

Henri VII, usurpateur heureux et grand politique, qui faisait semblant d'aimer les barons, mais qui les haïssait et les craignait, s'avisa de procurer l'aliénation de leurs terres. Par là, les vilains, qui, dans la suite, acquirent du bien par leurs travaux, achetèrent les châteaux des illustres pairs qui s'étaient ruinés par leurs folies. Peu à peu toutes les terres changèrent de maîtres.

La Chambre des communes devint de jour en jour plus puissante. Les familles des anciens pairs s'éteignirent avec le temps ; et, comme il n'y a proprement que les pairs qui soient nobles en Angleterre dans la rigueur de la loi, il n'y aurait plus du tout de noblesse en ce pays-là, si les rois n'avaient pas créé de nouveaux barons de temps en temps, et conservé l'ordre des pairs, qu'ils avaient tant craint autrefois, pour l'opposer à celui des communes devenu trop redoutable.

Tous ces nouveaux pairs qui composent la Chambre haute reçoivent du roi leur titre et rien de plus ; presque aucun d'eux n'a la terre dont il porte le nom. L'un est duc de Dorset et n'a pas un pouce de terre en Dorsetshire.

L'autre est comte d'un village qui sait à peine où ce village est situé. Ils ont du pouvoir dans le Parlement, non ailleurs.

Vous n'entendez point ici parler de haute, moyenne et basse justice, ni du droit de chasser sur les terres d'un citoyen, lequel n'a pas la liberté de tirer un coup de fusil sur son propre champ.

Un homme, parce qu'il est noble ou parce qu'il est prêtre, n'est point ici exempt de payer certaines taxes ; tous les impôts sont réglés par la Chambre des communes, qui, n'étant que la seconde par son rang, est la première par son crédit.

Les seigneurs et les évêques peuvent bien rejeter le bill des communes pour les taxes ; mais il ne leur est pas permis d'y rien changer ; il faut ou qu'ils le reçoivent ou qu'ils le rejettent sans restriction. Quand le bill est confirmé par les lords et approuvé par le roi, alors tout le monde paie. Chacun donne, non selon sa qualité (ce qui est absurde), mais selon son revenu ; il n'y a point de taille ni de capitation arbitraire, mais une taxe réelle sur les terres. Elles ont toutes été évaluées, sous le faumeux roi Guillaume III, et mises au-dessous de leur prix.

La taxe subsiste toujours la même, quoique les revenus des terres aient augmenté ; ainsi personne n'est foulé, et personne ne se plaint. Le paysan n'a point les pieds meurtris par les sabots, il mange du pain blanc, il est bien vêtu, il ne craint point d'augmenter le nombre de ses bestiaux ni de couvrir son toit de tuiles, de peur que l'on ne hausse ses impôts l'année d'après. Il y a ici beaucoup de paysans qui ont environ deux cent mille francs de bien, et qui ne dédaignent pas de continuer à cultiver la terre qui les a enrichis, et dans laquelle ils vivent libres.

Voltaire,
Lettres philosophiques (1734)

Un écrivain contre les lois : le cri de la conscience

Telle est la plus forte invention de Voltaire, son partage unique, cœur et esprit, homme et auteur confondus. Nul ne l'a précédé, nul ne l'a accompagné dans ces missions impossibles au service des causes perdues. Rousseau se récuse au nom des vérités générales, d'Alembert au nom de la prudence mère de la modération, et Diderot confie ses véhémences aux manuscrits ou à des prête-noms (Raynal). On laissera aux pharisiens la question de savoir si ces interventions furent « pures » ! Elles tracent, dans l'histoire pas toujours glorieuse des intellectuels, une frontière brûlante, ineffaçable.

L'affaire Sirven chevauche l'affaire Calas. Elle éclate en décembre 1761, quand on retrouve, noyée dans un puits, la fille cadette des Sirven, faible d'esprit et convertie au catholicisme. Décrétés d'arrestation le 19 janvier 1762, les Sirven gagnèrent la Suisse, et furent pendus en effigie le 11 septembre. Il fallut l'installation forcée, à Toulouse, d'un parlement dévoué au roi (dans le cadre de la réforme Maupéou) pour obtenir leur acquittement en 1771. Mais le Conseil du roi avait d'abord rejeté la requête des Sirven. Il s'agit sans doute ici d'une lettre ouverte, adressée à... Pierre Desinnocends, conseiller au parlement de Toulouse.

A M.***
CONSEILLER AU PARLEMENT DE TOULOUSE

A Ferney, 19 avril [1765]

Monsieur, je ne vous fais point d'excuse de prendre la liberté de vous écrire sans avoir l'honneur d'être connu de vous. Un hasard singulier avait conduit dans mes retraites, sur les frontières de la Suisse, les enfants du malheureux Calas ; un autre hasard y amène la famille Sirven, condamnée à Castres, sur l'accusation ou plutôt le soupçon du même crime qu'on imputait aux Calas.

Le père et la mère sont accusés d'avoir noyé leur fille dans un puits, par principe de religion. Tant de parricides ne sont pas heureusement dans la nature humaine ; il peut y avoir eu des dépositions formelles contre les Calas ; il n'y en a aucune contre les Sirven. J'ai vu le procès-verbal, j'ai longuement interrogé cette famille déplorable ; je peux vous assurer, monsieur, que je n'ai jamais vu tant d'innocence accompagnée de tant de malheurs : c'est l'emportement du peuple du Languedoc contre les Calas qui détermina la famille Sirven à fuir dès qu'elle se vit décrétée. Elle est actuellement errante, sans pain, ne vivant que de la compassion des étrangers. Je ne suis pas étonné qu'elle ait pris le parti de se soustraire à la fureur du peuple, mais je crois qu'elle doit avoir confiance dans l'équité de votre parlement.

Si le cri public, le nombre des témoins abusés par le fanatisme, la terreur, et le renversement d'esprit qui peut empêcher les Calas de se bien défendre, firent succomber Calas le père, il n'en sera pas de même des Sirven. La raison de leur condamnation est dans leur fuite. ils sont jugés par contumace, et c'est à votre rapport, monsieur, que la sentence a été confirmée par le parlement.

Je ne vous cèlerai point que l'exemple des Calas effraye les Sirven, et les empêche de se représenter. Il faut pourtant ou qu'ils perdent leur bien pour jamais, ou qu'ils purgent la coutumace, ou qu'ils se pourvoient au Conseil du Roi.

Vous sentez mieux que moi combien il serait désagréable que deux procès d'une telle nature fussent portés dans une année devant sa Majesté ; et je sens, comme vous, qu'il est bien plus convenable et bien plus digne de votre auguste corps que les Sirven implorent votre justice. Le public verra que si un amas de circonstances fatales a pu arracher des juges l'arrêt qui fit périr Calas, leur équité éclairée, n'étant pas entourée des mêmes pièges, n'en sera que plus déterminée à secourir l'innocence des Sirven.

Vous avez sous vos yeux toutes les pièces du procès : oserais-je vous supplier, monsieur, de les revoir ? Je suis persuadé que vous ne trouverez pas la plus légère preuve contre le père et la mère ; en ce cas, monsieur, j'ose vous conjurer d'être leur protecteur.

Me serait-il permis de vous demander encore une autre grâce ? c'est de faire lire ces mêmes pièces à quelques-uns des magistrats vos confrères. Si je pouvais être sûr que ni vous ni eux n'avez trouvé d'autre motif de la condamnation des Sirven que leur fuite ; si je pouvais dissiper leurs craintes, uniquement fondées sur les préjugés du peuple, j'enverrais à vos pieds cette famille infortunée, digne de toute votre compassion : car, monsieur, si la populace des catholiques superstitieux croit les protestants capables d'être parricides par piété, les protestants croient qu'on veut les rouer tous par dévotion, et je ne pourrais ramener les Sirven que par la certitude entière que leurs juges connaissent leur procès et leur innocence. J'aurais le bonheur de prévenir l'éclat d'un nouveau procès au Conseil du roi, et de vous donner en même temps une preuve de ma confiance en vos lumières et en vos bontés. Pardonnez cette démarche que ma compassion pour les malheureux et ma vénération pour le parlement et pour votre personne me font faire du fond de mes déserts.

Pour ne pas compromettre sa campagne en cours en faveur des Calas, plus à plaindre, Voltaire attendit jusqu'en 1765 pour demander un mémoire à Elie de Beaumont (qu'il ne reçut qu'à la fin 1766, car l'avocat plaidait une affaire personnelle... contre des protestants !) En attendant le mémoire, Voltaire rédigea en 1766 un « Avis au public sur les parricides imputés aux Calas et aux Sirven », qu'il envoya à des princes allemands pour recueillir le nerf de la guerre et des grandes causes.

REMÈDES CONTRE LA RAGE DES AMES

La rage du préjugé qui nous porte à croire coupables tous ceux qui ne sont pas de notre avis, la rage de la superstition, de la persécution, de l'inquisition, est une maladie épidémique qui a régné en divers temps, comme la peste ; voici les préservatifs reconnus pour les plus salutaires. Faites-vous rendre compte d'abord des lois romaines jusqu'à Théodose, vous ne trouverez pas un seul édit pour mettre à la torture, ou crucifier, ou rouer ceux qui ne sont accusés que de penser différemment de vous et qui ne troublent point la société par des actions de désobéissance, et par des insultes au culte public autorisé par les lois civiles. Cette première réflexion adoucira un peu les symptômes de la rage.

Rassemblez plusieurs passages de Cicéron, et commencez par celui-ci : « *Superstitio instat et urget, et quocumque te verteris, persequitur*, etc. – Si vous laissez entrer chez vous la supersitition, elle vous poursuivra partout ; elle ne vous laissera point de relâche. » Cette précaution sera très utile contre la maladie qu'il faut traiter.

N'oubliez pas Sénèque, qui, dans sa XCV[e] épître, s'exprime ainsi : « Voulez-vous avoir Dieu propice ? soyez justes ; on l'honore assez quand on l'imite. – *Vis Deos propitiare ? bonus esto : satis illos coluit quisquis imitatus est.* »

Quand vous aurez choisi de quoi faire une provision de ces remèdes antiques qui sont innombrables, passez ensuite au bon évêque Synésius qui dit à ceux qui voulaient le consacrer : « Je vous avertis que je ne veux ni tromper ni forcer la conscience de personne , je souffrirai que chacun demeure paisiblement dans son opinion, et je demeurerai dans les miennes. Je n'enseignerai rien de ce que je ne crois pas. Si vous voulez me consacrer à ces conditions, j'y consens ; sinon, je renonce à l'évêché. »

Descendez aux modernes ; prenez des préservatifs dans l'archevêque Tillotson, le plus sage et le plus éloquent prédicateur de l'Europe.

« Toutes les sectes, dit-il, s'échauffent avec d'autant plus de fureur, que les objets de leur emportement sont moins raisonnables. – *All sects are commonly most hot and furious for those things for which there is least reason.* »

« Il vaudrait mieux, dit-il ailleurs, être sans révélation ; il vaudrait mieux s'abandonner aux sages principes de la nature, qui inspirent la douceur,

l'humanité, la paix et qui font le bonheur de la société, que d'être guidé par une religion qui porte dans les âmes une fureur si sauvage. – *Better it were that there were no reveal'd religion ; and that human nature were left to the conduct of its own principles mild and mercifull and conductive to the happiness of society than to be acted by a religion which inspires men with so wild a fury.* » Remarquez bien ces paroles mémorables : elles ne veulent pas dire que la raison humaine est préférable à la révélation ; elles signifient que s'il n'y avait point de milieu entre la raison et l'abus d'une révélation qui ne ferait que des fanatiques, il vaudrait cent fois mieux se livrer à la nature qu'à une religion tyrannique et persécutrice.

Je vous recommande encore ces vers que j'ai lus dans un ouvrage qui est à la fois très pieux et très philosophique !

A la religion discrètement fidèle
Sois doux, compatissant, sage, indulgent comme elle,
Et sans noyer autrui songe à gagner le port :
La clémence a raison, et la colère a tort.
Dans nos jours passagers de peines, de misères,
Enfants du même Dieu, vivons au moins en frères ;
Aidons-nous l'un et l'autre à porter nos fardeaux.
Nous marchons tous courbés sous le poids de nos maux ;
Mille ennemis cruels assiègent notre vie,
Toujours par nous maudite, et toujours si chérie ;
Notre cœur égaré, sans guide et sans appui,
Est brûlé de désirs, ou glacé par l'ennui,
Nul de nous n'a vécu sans connaître les larmes.
De la société les secourables charmes
Consolent nos douleurs au moins quelques instants :
Remède encor trop faible à des maux si constants

Ah ! n'empoisonnons pas la douceur qui nous reste.
Je crois voir des forçats dans un cachot funeste,
Se pouvant secourir, l'un sur l'autre acharnés,
Combattre avec les fers dont ils sont enchaînés.

Quand vous aurez nourri votre esprit de cent passages pareils, faites encore mieux : mettez-vous au régime de penser par vous-même. Examinez ce qui vous revient de vouloir dominer sur les consciences. Vous serez suivi de quelques imbéciles, et vous serez en horreur à tous les esprits raisonnables. Si vous êtes persuadé, vous êtes un tyran d'exiger que les autres soient persuadés comme vous ; si vous ne croyez pas vous êtes un monstre d'enseigner ce que vous méprisez, et de persécuter ceux mêmes dont vous partagez les opinions. En un mot, la tolérance mutuelle est l'unique remède aux erreurs qui pervertissent l'esprit des hommes d'un bout de l'univers à l'autre.

Le genre humain est semblable à une foule de voyageurs qui se trouvent dans un vaisseau ; ceux-là sont à la poupe, d'autres à la proue, plusieurs à fond de cale, et dans la sentine. Le vaisseau fait eau de tous côtés, l'orage est continuel : misérables passagers qui seront tous engloutis ! Faut-il qu'au lieu de nous porter les uns aux autres les secours nécessaires qui adouciraient le passage, nous rendions notre navigation affreuse ! Mais celui-ci est nestorien, cet autre est juif ; en voilà un qui croit à un picard, un autre à un natif d'Islèbe ; ici est une famille d'ignicoles, là sont des musulmans, à quatre pas voilà des anabaptistes. Hé ! qu'importent leurs sectes ? Il faut qu'ils travaillent tous à calfater le vaisseau, et que chacun en assurant la vie de son voisin pour quelques moments, assure la sienne ; mais ils se querellent, et ils périssent.

CONCLUSION

Après avoir montré aux lecteurs cette chaîne de superstitions qui s'étend de siècle en siècle jusqu'à nos jours, nous implorons les âmes nobles et compatissantes, faites pour servir d'exemple aux autres ; nous les conjurons de daigner se mettre à la tête de ceux qui ont entrepris de justifier et de secourir la famille des Sirven. L'aventure effroyable des Calas, à laquelle l'Europe s'est intéressée, n'aura point épuisé la compassion des cœurs sensibles ; et puisque la plus horrible injustice s'est multipliée, la pitié vertueuse redoublera.

On doit dire, à la louange de notre siècle et à celle de la philosophie, que les Calas n'ont reçu les secours qui ont réparé leur malheur que des personnes instruites et sages qui foulent le fanatisme à leurs pieds. Pas un de ceux qu'on appelle *dévots*, je le dis avec douleur, n'a essuyé leurs larmes ni rempli leur bourse. Il n'y a que les esprits raisonnables qui pensent noblement ; des têtes couronnées, des âmes dignes de leur rang, ont donné à cette occasion de grands exemples : leurs noms seront marqués dans les fastes de la philosophie, qui consiste dans l'horreur de la superstition, et dans cette charité universelle que Cicéron recommande, *caritas humani generis* : charité dont la théologie s'est approprié le nom ; comme s'il n'appartient qu'à elle, mais dont elle a proscrit trop souvent la réalité ; charité, amour du genre humain, vertu inconnue aux trompeurs, aux pédants qui argumentent, aux fanatiques qui persécutent.

Voltaire,
Avis au public sur les parricides imputés aux Calas et aux Sirven

« Je ne veux pas qu'il ait sa statue, quand je n'ai pas la mienne » : cette superbe caricature de Daumier (22 septembre 1869 ; on parlait d'élever une statue à Paris) rappelle l'énergie du sentiment anticlérical au XIXe siècle.

Qu'est ce qui réjouit si fort le vieux Voltaire, le 16 avril 1871, quand Paris se met en Commune ? Le défenseur de Calas se console de n'avoir pu défendre André Chénier et Camille Desmoulins en voyant brûler la guillotine ! Mais la Commune l'aurait sans doute plus terrifié que les massacres de Thiers.

CHRONOLOGIE

21 nov. (ou 20 fév. ?) 1694 Naissance à Paris de François Marie Arouet, d'un père notaire qui deviendra receveur des épices à la Chambre des comptes.
1704-1711 Brillantes études au collège jésuite Louis-le-Grand. Les jésuites publient en 1710 un poème pieux du jeune Arouet.
1712-1715 François-Marie fréquente les milieux littéraires et la bonne société, commence des études de droit, accompagne l'ambassadeur de France à La Haye, puis est renvoyé à Paris à la suite de sa liaison avec une jeune protestante exilée. Il écrit une ode (1713) et une satire en vers (1714).
1715 Début de la régence. Notre homme est exilé à Sully-sur-Loire (mai-octobre 1716) pour des vers satiriques contre le régent.
1717-1718 De nouveaux vers contre le régent font embastiller notre écrivain, qui prend le surnom de Voltaire (mai 1717-avril 1718). Vif succès de sa première tragédie, *Œdipe* (nov. 1718).
1719-1724 Voltaire fréquente les châteaux aristocratiques, sans cesser de beaucoup travailler : *la Ligue ou Henri le Grand* (1723), première version de *la Henriade* (épopée).
1725 Voltaire écrit pour la Cour : création d'une tragédie et d'une comédie pour le mariage de Louis XV.
1726-1728 Bastonné par les gens du duc de Rohan, Voltaire cherche le duel. On l'embastille puis on l'autorise à partir pour l'Angleterre (1726), où il séjourne de mai 1726 à nov. 1728, ce qui lui permet d'apprendre l'anglais, de publier en anglais, d'éditer *La Henriade*, et de découvrir Shakespeare. Il passe l'hiver, incognito, à Dieppe.
1729 D'heureuses spéculations assurent à Voltaire l'indépendance financière, laquelle le libère des mécènes et des libraires.
1730 Beau succès de *Brutus*, tragédie inspirée de Shakespeare.
1731 *Histoire de Charles XII*, premier grand livre en prose.
1732 *Zaïre* (tragédie) est dédiée à un marchand anglais.
1733 Début de la liaison de seize années avec Mme du Châtelet.
1734 Les *Lettres philosophiques* l'obligent à fuir à Cirey.
1736 Début de la correspondance avec le futur Frédéric II.
1738-1739 *Discours en vers sur l'homme*, influencé par Pope. *Éléments de la philosophie de Newton.* Une publication camouflée des premiers chapitres du futur *Siècle de Louis XIV* est saisie.
1740-1743 Rencontre Frédéric, devenu roi de Prusse. Les dévots parviennent à faire interdir *Mahomet* (tragédie, 1742). Fleury envoie Voltaire en mission à Berlin. La mort de celui-là (1743) fait accéder au pouvoir les frères d'Argenson, d'anciens condisciples. *Mérope* (tragédie, 1743) obtient un grand succès.
1743-1747 Récompenses de la Cour : historiographe de France (1745), académicien (1746), gentilhomme ordinaire (1746). Début (1744 ou 1745) de la liaison avec Mme Denis. Sa disgrâce à la Cour se précise en 1747. Première publication d'un conte, *Memnon, histoire orientale* (1747). Séjours chez le roi Stanislas, à Lunéville.
1749 Mort de Mme du Châtelet, après un accouchement.
1750-1753 Séjour à Berlin. Emprisonnement à Francfort sur ordre de Frédéric (1753). Publication du *Siècle de Louis XIV* (1751), dont l'idée remonte pourtant à 1732. *Micromégas* (conte, 1752).
1753-1755 Interdit de séjour à Paris, Voltaire déambule en Alsace, puis s'installe en Suisse avec Mme Denis (1755). Le tremblement de Lisbonne (1er nov. 1755) suscite le *Poème sur le désastre de Lisbonne ou Examen de cet axiome : « Tout est bien »* (publié en 1756).
1756 Début de la guerre de Sept Ans (1756-1763). Vaine tentative pour sauver l'amiral anglais Byng, exécuté en 1757. Publication de l'*Essai sur les mœurs* (histoire).
1757 L'article *Genève* de *l'Encyclopédie*, rédigé par d'Alembert et inspiré par Voltaire, fait scandale à Genève. Tentative de préparation d'une paix séparée entre la France et la Prusse.
1758-1761 Succès européen de *Candide*, rédigé en 1758 et publié en 1759. Voltaire est officiellement poursuivi à Genève et Paris. Interdiction de l'*Encyclopédie* en 1759. Installation à Ferney (1759).
1762 Voltaire entame une campagne en faveur de Calas, protestant toulousain exécuté pour parricide. Expulsion des jésuites hors de France. Apparition du slogan *« Ecrasez l'infâme »*.
1763 *Traité sur la tolérance.* La paix d'Aix-la-Chapelle consacre le triomphe anglo-prussien.
1764 *Dictionnaire philosophique :* l'encyclopédie voltairienne à l'usage des lecteurs pressés.
1765 Réhabilitation de Calas. L'affaire Sirven prend sa suite.
1766 Exécution du jeune chevalier de *La Barre*, pour blasphème. On brûle le *Dictionnaire philosophique* sur son corps.
1767-1768 *L'Ingénu, L'Homme aux quarante écus, La Princesse de Babylone* (contes).

1770-1772 *Questions sur l'Encyclopédie* (9 vol.) : énorme travail où s'accumulent toutes les connaissances voltairiennes et toutes ses interrogations. A partir de 1773, la strangurie diminue sérieusement la force de travail de l'écrivain.
1774 *Le Taureau blanc* (conte). Mort de Louis XV.
1775 Voltaire obtient de Turgot la suppression de la gabelle (impôt) en pays de Gex (Ferney). *Histoire de Jenni ou le Sage et l'Athée* (*Candide* revisité à la lumière du danger de l'athéisme).

1776 *La Bible enfin expliquée*. Renvoi de Turgot.

1778 Retour triomphal à Paris. Voltaire meurt le 30 mai, à 84 ans. Son neveu le fait enterrer par ruse près de Troyes.
1791 Transfert des cendres au Panthéon.

ESSAI RAISONNÉ DE BIBLIOGRAPHIE CRITIQUE

- Pomeau R., *la Religion de Voltaire*, rééd., Nizet, 1969, 547 p.
Les Tables de la Loi, gravées dans l'airain. Indépassable.

- Desnoireterres G., *Voltaire et la société au XVIIIe siècle,* 1867-1876.
L'Ancien Testament, qui a guidé le peuple voltairien pendant cent vingt ans. Irremplaçable.

- *Voltaire en son temps*, collectif, The Voltaire Foundation, 1985-1994, 5 volumes sous la direction de R. Pomeau. Les Nouveaux Evangiles.

- Mervaud C., *Voltaire et Frédéric II : une dramaturgie des Lumières*, The Voltaire Foundation, 1985, 617 p.
Brillante étude de la correspondance entre Voltaire et Frédéric II, qui n'a pas pu faire place à la lexicologie et à la statistique.

- Mailhos G., *Voltaire témoin de son temps*, P. Lang, 1983, 712 p.
Gros livre clair, un peu terne. C'est une thèse.

- Sareil J., *Voltaire et les grands*, Droz, 1978.
Dense et précis. Ce n'est pas une thèse.

- Orieux J., *Voltaire, ou la loyauté de l'esprit*, rééd., Flammarion, 1977.
Pimpante broderie, agrémentée de fantaisies, sur le canevas de Desnoireterres.

- *Inventaire Voltaire*, collection «Quarto», Gallimard, 1995, 1484 p. Sous la direction de J. Goulemot, A. Magnan, D. Masseau.
Tout y est, dans l'ordre alphabétique, sauf l'agilité voltairienne, rebelle au travail collectif et exhaustif.

TABLE DES ILLUSTRATIONS

COUVERTURE

OUVERTURE

CHAPITRE I

CHAPITRE II

CHAPITRE III

CHAPITRE IV

TÉMOIGNAGES ET DOCUMENTS

INDEX

A

B

C

D

E

CRÉDITS PHOTOGRAPHIQUES

ANP, Paris 1, 4/5, 8/9. Artephot/Nimatallah, Paris 96. Bibl. nat. de France, Paris 15, 17, 22h, 36, 37, 38/39, 40/41, 52h, 53, 62, 69b, 83, 87h, 87b, 98h, 98/99b, 100b, 101, 102b, 104/105b, 108/109, 110h, 112b, 124/125, 128, 130, 132, 135, 151, 160, 166, 171, 172, 175, 178/179, 181. Bridgeman, Londres 52. Bulloz, Paris 16, 21h, 26b, 35, 50b, 69, 89, 111b. Charmet, Paris 18, 19b, 45, 47, 54, 66, 70, 88b, 105h, 111h, 126/127. Collections particulières 6/7, 118h. Dagli-Orti, Paris 10/11, 22/23b, 24b, 26/27h, 27hd, 29h, 28/29b, 63b, 68, 71h, 78, 131. Edimedia, Paris 61b, 63h, 77, 82, 123. Editions Gallimard, Paris 46h. E.T. Archives, Londres 55. Mary Evans, Londres 48. Explorer, Paris 21b, 71b, 116b, 120h. Françoise Folio, Paris 28, 32h, 37, 61h. Marc Garanger, Paris 33b. Gerstenberg, Wietze 86h. Giraudon/Lauros, Paris 2/3, 51, 79b, 80/81, 92/93, 117, 118b, 122. Giraudon, Paris 49b, 56, 57, 100h, 148/149, 150h, 163. Photothèque Hachette, Paris 97, 107, 110b, 136, 143, 153, 159. I.N.R.P., Rouen 19, 20b. Hubert Josse, Paris 46b, 73, 85b, 95. Larousse, Paris 129, 146. Patrick Lorette, Paris 44h, 44b. Gilbert Mangin, Nancy 65. François Martin, Genève 2e plat, 43, 58/59, 99h, 102h, 103, 106, 116h, 120b, 123, 165. Musée de Brou, Bourg-en-Bresse 112h. Musée des Beaux-Arts, Dijon 64. Musée Carnavalet, Paris 14. Musée de la Publicité, Paris 13. Musée de l'Elysée, Lausanne 42. Photothèque des Musées de la Ville de Paris 1er plat fond, Dos. RMN, Paris 24/25h, 31, 34, 50h, 72, 74/75, 76, 79h, 88, 121. Roger-Viollet, Paris 1er plat, Dos, 60, 86b, 93h, 94, 182, 183. Sipa Press, Paris 113. Staatliche Museen Preussicher Kultubesitz, Berlin 84/85. Top/Czap, Paris 119. Voltaire Foundation, Oxford 114/115. Wallace Collection, Londres 67.

REMERCIEMENTS

Nous remercions les organismes et les personnes suivantes pour l'aide qu'ils ont apportée à la réalisation de cet ouvrage : Charles Wirtz, conservateur du musée Voltaire à Genève, monsieur Choudin, Monsieur et madame Réau, Bénédicte Roullier, documentaliste, Andrew Brow, chercheur à la Voltaire Foundation, Oxford, Peter Galassi, photographe, Samuel S.B. Taylor, professeur à l'université de Saint Andrew, Ecosse. Nous tenons à remercier tout particulièrement Garry Apgar, historien d'art à l'université de Hartford, Etats-Unis, spécialiste de l'iconographie voltairienne, qui nous a fait bénéficier de son travail de recherche.

Table des matières